DBV

Elmar Gruber

Er-löst

Betrachtungen
Überlegungen
Gebete

Don Bosco Verlag

Zu diesem Buch ist eine Dia-Meditation unter dem Titel „Erlöst sein" im Calig-Verlag, Hildesheim, und im Impuls-Studio, München, lieferbar.

Umschlagfoto und Fotos im Textteil:
Elmar Gruber
Kruzifixus von Loydl, Ende 17. Jh.
St. Markus, Neuaubing

Mitglied der »verlagsgruppe engagement«

CIP-Kurztitelaufnahme der Deutschen Bibliothek

Gruber, Elmar:
Er-löst: Betrachtungen, Überlegungen, Gebete /
Elmar Gruber. – 1. Aufl. – München:
Don Bosco Verlag, 1987
ISBN 3-7698-0569-0

1. Auflage 1987 / ISBN 3-7698-0569-0

Gesamtherstellung: Druckerei Neubert GmbH, Bayreuth

Inhalt

Einführung ... 7

1. Unsere Angst aufgrund eines falschen Gottesbildes ... 7
2. Die Überwindung der Angst durch biblisch-psychologisches Denken ... 11

Meditationen und Gebete ... 19

1. Verletzt sein ... 20
2. Hassen müssen ... 23
3. Nicht dürfen ... 26
4. Töten „müssen“, vernichten ... 29
5. Befriedigt und zufrieden sein ... 32
6. Schuldig sein ... 35
7. Nimm mich ... 38
8. Erlöst sein ... 41

Impulse zum Verständnis von Erlösung ... 45

Vom „Haß der Frommen“ ... 46
„Böse sein dürfen“ ... 53

Was kann ich tun, damit ich Erlösung verstehe und Anteil daran gewinne? ... 56

Erlösung / Schematischer Überblick ... 62

Einführung

Praedicamus crucifixum –
Wir verkündigen den Gekreuzigten
(1 Kor 1, 23; Wahlspruch von Kardinal Döpfner)

Wirklichkeiten und Wahrheiten, die mein Leben bestimmen und tragen sollen, müssen so einfach sein, daß ich sie immer in mir gegenwärtig haben kann. Nur so kann ich von ihnen leben. Die Wirklichkeiten der Liebe sind von dieser Einfachheit, die in allerletzten Tiefen gründet. Die Wirklichkeit der Erlösung müßte uns als Erfahrung der Liebe bewußt werden, damit sie unser Leben ganz praktisch tragen und bestimmen kann.
Es ist tragisch, daß sich bei sehr vielen Christen ein so oberflächliches Bewußtsein von Erlösung gebildet hat, daß es sich im Leben nur schwach auswirkt. Mit schuld daran ist auch eine häufig sehr oberflächliche und theoretische Vermittlung der Erlösungswirklichkeit. Wenn wir uns auf unser wichtigstes, einfachstes und häufigstes Symbol unserer Erlösung besinnen, auf das Kreuz mit dem Gekreuzigten – und zwar ohne Rationalisierungen! –, könnte unser Leben von der Erlösungswirklichkeit spürbar ergriffen werden. – Das ist der Sinn und das Ziel dieser Überlegungen, Meditationen und Gebete.

1. Unsere Angst aufgrund eines falschen Gottesbildes

Anselm von Canterbury (1033-1109) hat es versucht, Erlösung (und überhaupt die Glaubensinhalte) aus einer unmittelbaren Einsicht und einem inneren Verständnis der Wirklichkeit heraus zu entwickeln, ohne bei der bloßen Wiedergabe biblischer Inhalte und der Berufung auf kirchliche Autorität stehen zu bleiben. Unser Glaube als Glaube für jeden Menschen auf dem Grund seiner eigenen Lebenserfahrung! Hier trifft Anselm in seinem Bestreben genau das Erfordernis heutiger Verkündigung, die praktisch kaum mehr auf die Kräfte der Tradierung zurückgreifen kann.

Warum ist Gott Mensch geworden: Cur deus homo? – So fragt Anselm. Weil er uns erlösen wollte, heißt die Antwort, die auch heute noch gilt. Aber *wie* hat er uns erlöst? Kann man das Wie so zeigen, daß es daß Leben ergreift? Anselm stand nur ein gesellschaftlich-juristischer Erfahrungshorizont zur Verfügung, der lediglich eine höchst unzulängliche Antwort auf die Frage zuließ, eine Antwort, die die Menschen unserer Zeit eher abstößt. Heute ist es aber möglich, auch mit Hilfe der Tiefenpsychologie, deutlicher zu zeigen, was Erlösung ist, und zugleich auch gangbare Wege zu einer praktischen Erlösungserfahrung (vor allem durch das symbolhafte Verständnis alles Vohandenen) zu erschließen. (Einen bedeutenden Durchbruch in dieser Richtung stellt das Gesamtwerk von Eugen Drewermann, Paderborn, dar, dem diese einleitenden Überlegungen einiges verdanken.)

Vereinfacht dargestellt, argumentiert Anselm so: Der Mensch hat gesündigt. Und weil er *Gott* beleidigt hat, ist diese Beleidigung eine unendliche. Aus praktischer gesellschaftlicher Erfahrung heraus und aus unmittelbarer Einsicht verlangt jede Schuld eine Sühne im Sinne einer „Wiedergutmachung" („Recht-Fertigung"!). Die Sühne muß so groß sein wie die Schuld, damit ein echter Ausgleich, eine volle Tilgung erfolgt. Der Mensch kann folglich seine „unendliche" Schuld als endliches Wesen nicht selber sühnen. Er bliebe also ewig in Schuld, d.h. „verdammt", wenn nicht ein anderer diese Sühnung stellvertretend für ihn besorgte, und zwar jemand, der eine unendliche Sühne*leistung* erbringen kann und erbringt. Die Höchstleistung – auch das ist unmittelbar einsichtig – ist die freiwillige Hingabe des Lebens.

Die Gnadentat Gottes (das „Erlösungswerk") besteht nun darin, daß er selber in seinem Sohn Mensch wird, um sich stellvertretend für die Menschen dem himmlischen Vater zu opfern. Der Tod Jesu hat unendlichen Sühnewert, weil es letztlich die Selbsthingabe des Sohnes Gottes ist. Anselm erreicht sein Ziel, indem er hauptsächlich auf einen Satz im Brief an die Kolosser (2, 14) verweist: „Er (Christus) hat den Schuldschein, der gegen uns sprach, durchgestrichen und seine Forderungen, die uns anklagten, aufgehoben. Er hat ihn dadurch getilgt, daß er ihn an das Kreuz geheftet hat.“ So kann er zeigen: Wir sind frei, wir sind erlöst aus Gnade.

Die Argumentation Anselms ist heute praktisch nicht mehr gangbar. Das ergibt sich vor allem angesichts der tieferen Kenntnis der Bibel und der Erkenntnis der anthropologischen Wissenschaften. Seelsorge, Glaubensverkündigung und Glaubensvollzug sind heute nur möglich im Schnittpunkt eines gläubigen *und* anthropologisch vertretbaren Menschenbildes. Eine Erlösungslehre, die nicht verknüpft ist mit dem Bewußtsein von Befreiung und die die unheimlichen, aufs Böse gerichteten Kräfte im Menschen (Habgier, Haß, Ichsucht = Erbschuld) nicht in kreative Kräfte der Liebe verwandelt, kann nicht mehr greifen.

Das anselmianische Modell leidet vor allem darunter, daß menschliche Erfahrungen, die die Wirklichkeit der Sünde wesentlich mitenthalten, auf Gott projiziert werden. In unserem sündigen Dasein versuchen wir, durch *irdische „Gerechtigkeit“* unser Leben lebbar zu machen durch Herstellung eines *Gleichgewichts* zwischen den zerstörerischen Kräften: Gleichgewicht der Angst vor Rache; in einer höheren Kulturstufe tritt an die Stelle der Rache das Gericht: Gleichgewicht der Angst vor Strafe, Gleichgewicht zwischen Schuld und Sühne (Sühne als Ersatzleistung verstanden). So ist ein gewisser Ausgleich der Süchte der einzelnen Menschen möglich: Ichsucht, Habsucht (Eifersucht, Genußsucht), Rachsucht, Vergeltungssucht. Die Übertragung dieser Gleichgewichtsforderung auf Gott legt sich nun zwar verführerisch nahe; sie macht aber Gott zum sündigen Wesen, weil hier Prinzipien, die die Sünde wesentlich mitenthalten, wie Angst, Vergeltung, Rache, Sühne (als Ausgleichsleistung), in Gott hineingetragen werden.

Das Erbarmen (= bedingungsloses Annehmen) als der eigentliche göttliche „Wert“, als *die* erlösende Kraft, ist in dieser Denkweise nicht unterzubringen. Das anselmianische Denkmodell hat in der (freilich oft vergröbernden und das Grundanliegen des Autors verkennenden) Praxis zu einem entwürdigenden Gottesbild geführt, das zum biblischen im Widerspruch steht.

Es ist aber leider auch heute noch das gängige Gottesbild sehr vieler Christen. Gewiß wollte Anselm Erlösungsbewußtsein vermitteln, aber tatsächlich wurde dadurch *die Angst vor einem unheimlichen, im irdischen Sinn rächenden Gott verstärkt.*

Hinzu kommt eine weitere tragische Entwicklung: *die Bindung der Erlösung an die Moral.* Wir sind zwar erlöst („unser Schuldschein ist ans Kreuz geheftet"), aber auf Erlösung dürfen doch nur die Braven hoffen, die sich die Erlösung durch moralische Leistung verdienen. So fällt die Erlösungsgewißheit doch wieder auf den Menschen und sein einwandfreies Handeln zurück (auch wenn sich die theologische *Lehre* bemüht, die Gnadenhaftigkeit des Heils gegen alles pelagianische Anspruchs- und Leistungsdenken zu verteidigen).

Durch dieses praktisch doch Angst erzeugende Gottesbild können sensible Menschen in Verdammungs- und Sündenängste getrieben werden, die bis zum Selbstmord führen, während robuste Naturen die Unlebbarkeit dieses Gottesbildes spüren und sich von ihm abwenden bzw. ein eigenes Gottesbild erstellen.

Das anselmianische Denken führt (aus den genannten Gründen) eher zu Glaubensschwierigkeiten als zum Glauben selbst, denn:

- Was ist das für ein Gott, der „beleidigt" sein kann und der Wesen schafft, die ihn „beleidigen" können?
- Was ist das für ein „allweiser" und „allwissender" Gott, der Wesen schafft, die so sündigen werden, daß er sie verdammen *muß*?
- Was ist das für ein (aggressiver) Gott, der so beleidigt ist, daß er nur durch die blutige Hinrichtung seines menschgewordenen Sohnes versöhnt werden kann? Auch wenn er darin selber dieses Opfer auf sich genommen hat: Konnte er – als allmächtiger Schöpfer – sich und uns dieses grausame Spiel nicht ersparen?

Wie gesagt, diese und ähnliche Fragwürdigkeiten entstehen durch die Projektion unserer Begriffe auf Gott, in denen unsere Sündhaftigkeit bereits mit enthalten ist. Gott ist *nicht* gerecht und *nicht* gnädig, so wie wir Menschen gerecht und gnädig sind! Gewiß weist das scholastische Denken auf die Unzulänglichkeit und Analogie unserer Begriffe von Gott hin, aber *praktisch* kommt das nicht zum Tragen. Und es bleibt auch fragwürdig, ob unser sündiger Begriff von Gerechtigkeit überhaupt – auch als analoger Begriff – geeignet ist, Gottes Erbarmen und Gnade zutreffend auszudrücken.

2. Die Überwindung der Angst durch biblisch-psychologisches Denken

Das biblische Denken, das sehr tief der menschlichen Psyche entspricht, zeigt den Vorgang, die Wirkung und Auswirkung der Erlösung ganz anders. Es ist ein praktisches, meditierendes „Vollzugsdenken", in dem Wahrheiten und Wirklichkeiten mehr „aufgehen", als daß sie „erschlossen" werden. Die Wahrheiten und Geheimnisse Gottes werden nicht vom Menschen erschlossen; sie entfalten sich selbst, wenn man mit ihnen und in ihnen lebt.
Voraussetzung für dieses „Aufgehen" ist das Bemühen des Menschen um eine lebendige *Christusbeziehung*. Christusbeziehung ist mehr und etwas ganz anderes als Moral. Moral, Gebote und Gebote-Halten sind wichtig und unerläßlich für das menschliche Leben und Zusammenleben. Moral als solche führt aber noch nicht zur Erlösung; sie kommt über den Pharisäismus nicht hinaus. Moral wird für ein befreites Leben erst hilfreich, wenn sie relativiert wird auf Liebe und Erbarmen hin. Liebe und Erbarmen (die Kraft zur Versöhnung bis hin zur Feindesliebe) kommen nur durch die lebendige Christusbeziehung in mein Leben, vorausgesetzt, die Christusbeziehung wird nicht wieder eingeebnet und zerstört durch ein System von Geboten. „Zur Freiheit hat uns Christus befreit. Bleibt daher fest und laßt euch nicht von neuem das Joch der Knechtschaft auflegen" (Gal 5, 1)!
Für das biblisch-psychologische Denken ist die Erlösungswirklichkeit und die Erlösungs-„Lehre" in einem Satz zusammengefaßt, von dem aus sich alles andere wie von selber entfaltet:

„Der Menschensohn wird den Menschen ausgeliefert, und sie werden ihn töten" (Mk 9, 31).

Dreimal will Jesus die Jünger über sein bevorstehendes Leiden belehren (Mk 8, 31; 9, 31; 10, 33), „aber sie verstanden den Sinn seiner Worte nicht" (Mk 9, 32). Wir können heute das ganze Leben, Lieben, Leiden, Sterben und Auferstehen Jesu betrachten und meditieren; wir kennen das Alte Testament, die Propheten (besonders auch Jes 52, 13-53, 12, das vierte Lied vom Gottesknecht), so daß *uns* der Sinn dieser Worte in der Verbindung mit unserem Menschsein und unserem Leben nach und nach aufgehen könnte: Erlösung als Erlösung *für alle* Menschen; Verwandlung von Habsucht und Haß in Teilen und Lieben.

Im einzelnen erscheinen viele Glaubensinhalte in ganz neuem Licht:

(1) „Ursünde" und „Erbschuld"

meinen die Tragik unseres Menschseins. Der Mensch verdrängt Gott als „In-Halt" und „Mitte" seines Lebens und macht sich selbst zum Inhalt, zur Mitte, zum Gott seiner selbst. Der Mensch „verliert" Gott und verliert damit sich selbst. Er wird geboren als ein Wesen, dem die Liebe (Gott) fehlt; er muß Liebe erst durch Liebe erfahren und lernen; er muß durch Liebe liebend werden. In der Taufe wird er zeichenhaft „eingetaucht" in Gott: Gott ist da für ihn *wie* Wasser und *im* Wasser; er muß Gott nur annehmen, ihm den Platz in seiner Mitte wieder geben, dann wird Gott ihn verwandeln und erlösen (als Entwicklungsprozeß zu verstehen!) zu einem liebenden Wesen, das sogar Feinde lieben und danach „entfeinden" kann.

(2) Die Folgen der Ursünde und die „Strafe" Gottes

bestehen darin, daß der Mensch so ist, wie er (ohne Gott als seine Mitte und sein Inhalt) ist. Gott rächt sich nicht am Menschen, indem er ihm nach Art verletzter Menschen etwas antut; Gott läßt den Menschen, der Gott los sein will, nur gott-los sein; jedoch nicht in dem Sinn, daß er ihm jetzt als Beleidigter seine Liebe entzieht. Gott vermindert gegenüber dem Sünder seine Liebe nicht im geringsten, aber er respektiert seine Freiheit und kommt dem Sünder nun in seiner eigenen (menschlichen) Gestalt entgegen, also als einer, der sich vom „geliebten Sünder" auch hassen, ja töten läßt.
Die „Strafe" für die Sünde besteht paradoxerweise darin, daß sich jetzt der Mensch als Sünder lieben lassen „muß"!

(3) Die praktische Wirklichkeit der Erbschuld

besteht beim Menschen darin, daß die wesentlichen Lebenskräfte nicht mehr begrenzt (geordnet) sind wie beim Tier. Das Tier lebt in der vorgegebenen Ordnung von Trieb und Triebhemmung. Beim Menschen als einem freien, bewußt und personal handelnden Wesen sollten alle Kräfte eingebunden und „geregelt" sein durch die Liebe in der Gottesbeziehung. Aber gerade diese fehlt durch die Sünde. In seiner Sehnsucht und in seinem Verlangen spürt der Mensch seine

Verwiesenheit auf das Unendliche, was der Glaubende als Sehnsucht nach Gott deutet.

Auch der „Gott-lose" spürt diese Verwiesenheit auf das Absolute (letzte Verbindlichkeit, Sicherheit, Lebenssinn), aber anstelle Gottes „vergottet" er etwas Geschaffenes (sich selber, einen Menschen, seine eigene Vernunft, Reichtum und Besitz, Lust, eine Ideologie usw., und sei es auch nur das Ideal einer sich selbst genügenden und mit sich selbst zufriedenen Bescheidenheit). Das mag zwar (scheinbar) eine Weile gut gehen; aber in Krisensituationen, d. h. in der Erfahrung der Grenze des Geschaffenen, wird das Fehlen der durchtragenden Kraft der Liebe offenbar. Da wird dann der Drang nach dem Unendlichen schnell zur maßlosen Gier, die in die Sucht zur Selbstvernichtung führt. (Aber auch den Süchtigen liebt Gott!)

Im Prinzip kann man diese enthemmten, ungeordneten und ungebundenen („ungefaßten") Kräfte zeigen in den Phänomenen von *Haß und Habsucht*. Die Tiefenpsychologie kann durch die Analyse von Aggression und Kannibalismus bis ins Detail zeigen und nachweisen, was die Tragik der Erbschuld für den Menschen bedeutet. Und jeder Mensch, der es wagt, sich selber zu beobachten in seiner Wut, in seinem Haben-*Müssen*, Hassen-*Müssen*, in seiner Eifersucht, in seiner Lust an Gewalt und Grausamkeit, in seiner Genußsucht und Bequemlichkeit, kann erkennen, was „Erbschuld" praktisch ist. Es gehört zum Phänomen von Haß und Habsucht, daß ich hassen und haben *muß*! (Vgl. die Redensart: „Ich *muß* mich schon wieder ärgern!")

Dieses Müssen geht bis zum Töten-Müssen (Mord, Selbstmord). Es gelingt dem Menschen nicht, aus eigener Kraft dieses „Böse-sein-Müssen" umzustimmen oder gar in ein „Gut-Sein" zu verwandeln. Er kann dieses Müssen bis zu einem gewissen Grad *regeln* in gesellschaftlichen Normen, so daß das menschliche Zusammenleben trotz Kriegen und Verbrechen einigermaßen gelingt. Er kann dieses Müssen verdrängen und vielleicht auch für den Einzelfall ableiten (Beispiele aus der Gestalttherapie, z. B. symbolisches Töten einer Person), aber durch Regelung, Verdrängung oder Ableitung ist das Phänomen noch nicht beseitigt. Ich bin immer noch der alte („sündige Adam"); ich habe mich noch nicht grundlegend verändert.

Es ist zu beobachten, daß Haß und Habsucht beim Menschen immer aufs Ganze gehen; ich kann erst ablassen und nachlassen, wenn ich *alles* habe, wenn ich den anderen tödlich getroffen habe. Bei den archaischen Formen von Haß und Habsucht fließt Blut; der Mensch will („muß") Blut sehen. Bei den verfeinerten Formen seelischer Grausamkeit werden Menschen fertiggemacht, ohne daß dabei unbedingt Blut fließen muß. „Kalte" Kriege sind freilich besser als „heiße"; aber sie sind eben doch Krieg und nicht Frieden.

(4) Die Erlösung

besteht zunächst in der Befreiung von diesem Müssen. In meinem unerlösten Zustand kann ich mit meiner Habgier nur leben, wenn ich sie befriedigen kann, indem ich sie irgendwie „herauslasse". Ich muß „Dampf ablassen, sonst zerreißt es mich".

Die Erlösung besteht nun darin, daß Gott Mensch wird, um sich als Mensch, d.h. ganz praktisch, dem hassen und haben müssenden Menschen auszusetzen und auszuliefern. Gott bietet sich in Jesus dar als Opfer (als Objekt) für unseren Haß und unsere Habsucht. Wir „dürfen" ihn töten und essen (vgl. Eucharistie: sein Fleisch und Blut „ein-nehmen"). Gott will in Jesus dem Menschen einfach *nahe* sein (vgl. Jesus-Erzählungen der Evangelien), und er *bleibt* nahe, auch wenn die äußersten Kräfte der Sünde hervorbrechen (Haß und Habgier). Er nimmt unseren Haß (= unsere Schuld, d.h. unsere Erbschuld und alle persönliche Schuld, die sich daraus ergibt) buchstäblich auf sich, indem er sich von uns „haben" („gefangen nehmen") und töten läßt.

„Der Herr lud auf ihn die Schuld von uns allen. Er wurde mißhandelt und niedergedrückt, aber er tat seinen Mund nicht auf. Wie ein Lamm, das man zum Schlachten führt" ... – „Durch seine Wunden sind wir geheilt" (Jes 53).

Wenn ich das Jesusgeschehen mit Glaubensbereitschaft beobachte und meditiere, dann kann mich die Erlösung, d.h. das Erbarmen Gottes, ergreifen und verändern. Mir geht auf: im Jesusgeschehen läßt mich Gott *erleben*, daß er mich bedingungslos (ohne Vorleistung!) und grenzenlos liebt. Er gibt sich mir und meiner Bosheit ganz hin; ich brauche ihn nur zu *nehmen*; ich „darf" ihn töten. (Dieses Töten-Dürfen ist natürlich nicht oberflächlich moralisch zu verstehen, sondern existentiell. D.h., Gott „beweist" mir, indem er sich vom Menschenhaß töten läßt, daß er mich bedingungslos annimmt, und zwar so, wie ich bin; daß er mir seine Liebe nicht entzieht, selbst wenn ich ihn töte.) Paulus weist auf diesen Zusammenhang hin: „Gott aber hat seine Liebe zu uns darin erwiesen, daß Christus für uns gestorben ist, als wir noch Sünder waren" (Röm 5, 8; beachte dazu den Zusammenhang Röm 5, 6-11).

Wenn ich diese Liebe, dieses unbegrenzte Dürfen, im Glauben annehme, wird mein Müssen aufgehoben. Ich *muß nicht mehr* hassen und haben, weil ich bei Gott alles *darf*. (Zur Verdeutlichung: Ich mag in äußerstem Haß entbrannt sein, im Blick auf den Gekreuzigten sehe ich, er läßt sich das gefallen, seine Liebe hört nicht auf; „ich darf machen, was ich will", seine Liebe läßt mich nicht fallen. – In diesem Augenblick geschieht eine Wandlung in mir: mein Ich, das vernichten will, ist schon angenommen, ist schon geliebt, so muß ich mich nicht erst selbst durch Vernichtung der anderen behaupten und meine Existenz sichern.) Und wenn ich nicht mehr hassen *muß*, dann bin ich frei, „erlöst", und *kann* wieder lieben.

Tod und Auferstehung Jesu zeigen mir ferner, daß ich zwar töten kann, doch das eigentliche („ewige") Leben, die Liebe, kann ich nie vernichten. Gerade wenn ich hasse und töte, erweist sich die Kraft der Liebe als immer stärker und unbesiegbar. Es klingt ungewohnt, wenn man sagt: bei Gott *darf* ich Böses tun. Aber im Annehmen dieses Dürfens tritt eben das unerhörte, alle menschlichen Vorstellungen übertreffende Erbarmen Gottes in mein Leben ein und verändert es. Das einzige Mittel gegen die Bosheit ist die praktische Erfahrung der Liebe. Diese Liebe hat der Mensch von sich aus nicht; er muß sie sich schenken lassen. In der Annahme des Todes Jesu kann der Mensch diese Liebe erfahren und empfangen.

(5) Das Opfer Jesu

besteht also in der freiwilligen Selbsthingabe Jesu an die Menschen und an die menschliche Bosheit. Jesus „mußte" so grausam und so blutig sterben, weil *die Menschen* so grausam und blutrünstig in ihrem Haß und in ihrer Habsucht sind, nicht weil *Gott* ein blutiges Opfer will! Gott will kein Blut sehen; er will, daß seine bedingungslose, grenzenlose Liebe für uns Menschen durch Jesus erlebbar und erfahrbar wird. „Christus spricht bei seinem Eintritt in diese Welt: Schlacht- und Speiseopfer willst du nicht ... einen Leib hast du mir bereitet ... siehe, ich komme, deinen Willen, Gott, zu erfüllen" (Hebr 10, 5f.). Die Erfüllung des Willens Gottes liegt immer in der Hingabe an die Menschen. Das gilt nicht nur für Jesus, sondern auch für jeden von uns. Ich kann mich Gott nur hingeben, indem ich mich den Menschen opfere. Durch Jesus Christus wird deutlich, daß eine Hingabe an Gott, die nicht als Hingabe an die Menschen vollzogen wird, unmöglich ist. Hierin liegt ein Wesensmerkmal der christlichen Religion. Im Brief an die Kolosser (1, 24) ist es so ausgedrückt: „Jetzt freue ich mich in den Leiden, die ich für euch ertrage. Für den Leib Christi, die Kirche, ergänze ich in meinem irdischen Leben das, was an den Leiden Christi noch fehlt."

(6) Die Folge der Erlösung

ist meine Veränderung schon jetzt, hier auf Erden: Die Erfahrung der Liebe Gottes durch den Tod Jesu befreit mich vom Hassen- und Haben-Müssen. Die Kraft der Liebe Gottes verwandelt mich weiter und gestaltet mich um (wenn auch nur keimhaft, so doch echt!) zum liebenden Wesen; ich muß auf Haß nicht mehr mit Haß reagieren; ich fange an, meine Feinde in der Kraft seiner Liebe zu lieben; ich brauche meinen Haß weder herauszulassen noch zu verdrängen; denn ER hat ihn von mir ein für allemal weggenommen und auf sich genommen. Freilich wird dieser Erlösungsprozeß hier auf Erden erst in Gang gebracht. Aber es ist eine echte Erlösung, auch wenn die Vollendung noch aussteht.

In diesem Zusammenhang kann *christliche Sühne* auch nicht mehr verstanden werden als menschliche Ersatzleistung Gott gegenüber (dieses Mißverständnis entstand aus den juristischen Anspruchsvorstellungen!). Sühne im christlichen (biblischen) Sinn ist die Weitergabe des Erbarmens Gottes: Wer Erbarmen empfangen hat, kann Erbarmen schenken; wer Verzeihung erlangt, kann anderen bedingungslose Vezeihung gewähren; wer sich (von Gott) lieben läßt, kann auch die Menschen lieben und ihnen selbstlos und bedingungslos gut sein. Sühnen ist also das „Durchlassen" des Erbarmens Gottes durch sich selbst. Würde ich diese Durchlässigkeit durch meine Schuld verhindern, würde auch ich das Erbarmen Gottes verlieren. Einfach ausgedrückt: Die „Pflicht" des Christen besteht im Annehmen und Weiterschenken des Erbarmens, der Liebe.

Es ist selbstverständlich, daß dazu auch die Restitution gehört, d. h., soweit als möglich die irdische Wiedergutmachung des irdisch angerichteten Schadens. „Vergib uns unsere Schuld, wie auch wir vergeben unseren Schuldigern."

Eine weitere Folge der Erlösung für unser jetziges Leben ist die *Anspruchslosigkeit*. Die Anspruchslosigkeit und das Nicht-mehr-verurteilen-Müssen erwachsen aus einem positiven Selbstbewußtsein. Das positive Selbstbewußtsein („felix culpa" = glückselige Schuld) erwächst aus der Erlösung, die ich in jedem Vergebungsakt erfahre. Dieses positive Schuldbewußtsein ist ja auch der Sinn des Bußsakramentes wie auch jeder anderen Vergebungsfeier bis hin zu den ganz privaten Vergebungszeremonien.

Negatives Schuldbewußtsein entsteht überall dort und bleibt überall dort bestehen, wo Schuld – vor allem die tragische Schuld (Erbschuld) – nicht wahrgenommen und angenommen wird. Wir Menschen tun uns schwer, eine Schuld anzuerkennen, die wir nicht selbst verursacht haben. Wie soll etwas, das ich nicht getan habe, meine Schuld sein! Gerade hier hilft uns die Psychologie, das zu erkennen, womit unser Leben von vornherein belastet ist und was bei uns, bei *mir*, zur Lösung und Erlösung kommen muß. „Erbschuld" beinhaltet die Summe aller Belastungen, die durch Vererbung, Erziehung, Umwelt- und Mitwelteinflüsse auf mir lastet. Meine persönliche Schuld ist wie die Spitze eines Eisberges, die sichtbare Spitze, die aus dieser unheimlichen Tiefe erwächst. Meine persönliche, bewußte Schuld kann mir helfen, meine Tragik besser zu erkennen und meine tragische Schuld zur Erlösung (= Annahme) zu bringen.

Es ist ein Irrtum und eine Verdrängung, wenn man Schuldvergebung (wie im gesellschaftlichen Erfahrungsbereich!) als Vernichtung versteht. Durch die Vergebung werde ich von der *Last* der Schuld befreit. Ein Mensch, der getötet oder abgetrieben hat, wird nie mehr wie ein Mensch, der nicht getötet hat. Aber in der *Annahme* seiner Schuld als *Schuld* wird er ein neuer Mensch, der jetzt wahrscheinlich mehr Liebe, Erbarmen und Verständnis für Menschen in Not und Sünde hat als ein Mensch, der nicht schuldig geworden ist oder seine Schuld verdrängt. Aber wir brauchen nicht erst zu sündigen, um schuldig zu werden; wir sind es! Ich kann meine Schuld nicht annehmen aus eigener Kraft! Erst in der *Erfahrung*, daß ich in meiner Schuld – mag sie noch so groß sein – *angenommen bin*, kann ich es wagen, meine Schuld (die tragische und die persönliche) überhaupt einmal anzuschauen und gleichzeitig anzunehmen. Solange ich mich nicht angenommen weiß, *muß* ich Schuld verdrängen und muß mich entschuldigen. Dabei verdränge ich aber meine Grund-

wahrheit und verhindere dadurch meinen Selbstwerdungsprozeß (Identität). Je mehr ich im Erlösungsprozeß meine Schuld (die tragische und die persönliche) *„zu-geben“* kann, desto mehr werde ich ich selbst. Ich werde *heil* und *geheilt* durch die Annahme meiner selbst. Diese Selbstannahme wird nur in der Erfahrung des Erbarmens (Gottes) möglich, – nicht durch einen psychologischen Trick!
Wer sich in seiner Schuld prinzipiell angenommen hat, ist befreit von allem Pharisäismus. Er „muß“ sich und andere nicht mehr verurteilen; er „muß“ nicht mehr auf sein Rechtsein pochen; er muß überhaupt keinen Anspruch mehr auf irgend etwas erheben; er kann sich über alles freuen, was ist, und muß nicht mehr zwanghaft auf das starren, was nicht ist. Ich werde *frei* und immer freier in der Erfahrung: Alles ist Gnade.

(7) Was kann ich tun
damit mich die Erlösung ergreift? Ich kann Erlösung durch Jesus *meditieren*, ich kann Erlösung *feiern*, und ich kann durch mein bewußtes *Gutestun* mitwirken an der „Auswirkung“ der Erlösung.
Im Mittelpunkt der Erlösungsfeier steht die Feier der Eucharistie, verbunden mit allen Arten und Formen der Verehrung des Gekreuzigten. Man muß das Kreuz mit dem Gekreuzigten „nehmen“, „tragen“, „enthüllen“, „zeigen“, „anbeten“, „berühren“, „küssen“. Es ist (tiefenpsychologisch) sehr einleuchtend, warum durch die praktische Verehrung des Gekreuzigten Aggressionen abgebaut und in kreative Kräfte der Liebe umgewandelt werden. Die vielen blutigen Darstellungen des Gekreuzigten zeigen mir ein Doppeltes: wie tief ich verletzbar und verletzt bin und zu welch grausamen Verletzungen ich in meiner Verletztheit fähig bin. Durch diese doppelte Identifikation kann ich Jesus immer mehr annehmen und mich von ihm angenommen fühlen.

Diese Bildmeditation ist eine besinnliche Andacht zum Gekreuzigten, der sich mir in die Hände gibt. Man wird immer wieder den Gekreuzigten ergreifen und sich von ihm ergreifen lassen müssen, damit Erlösung und Freiheit als Lebensbewußtsein wirklich zum Tragen kommen.

GEKREUZIGTER HERR JESUS CHRISTUS, ERBARME DICH UNSER!

Meditationen und Gebete

1. Verletzt sein

Oft fühle ich mich
an-gegriffen, –
verletzt, –
gekränkt, –
be-leidigt, –
ver-gewaltigt;
ich ärgere mich;
es ist arg, –
ich werde arg.

Ich gerate in Wut,
ich hasse.
Süchte
suchen mich heim:
Hab-sucht,
Rach-sucht,
Eifer-sucht,
Genuß-sucht,
alles in allem:
die Ich-Sucht;
ich selbst
bin meine Sucht!

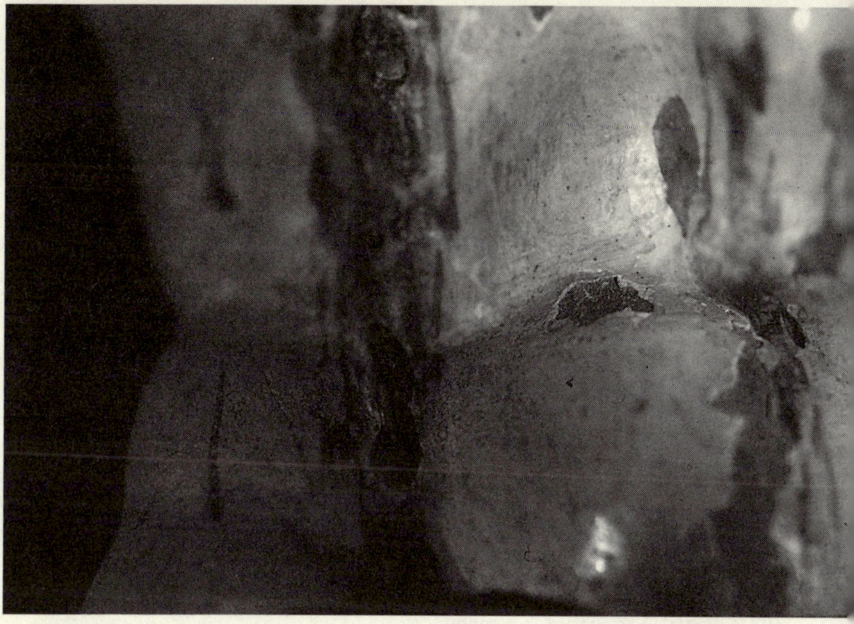

Blut

Gebet

Herr,
du bist für uns
verletzlich geworden.
Wir alle
sind so verletzlich
und verletzend.
Du bist eingestiegen
in den tragischen Kreislauf
von Haß, Wut und Verletzung.

Du hast niemand gehaßt;
deine Liebe
ist wie ein Spiegel,
der mir offenbart,
was jedem Menschen,
auch mir,
zutiefst zugrunde liegt:
die Verletzung,
die mich ständig
zum Verletzen treibt.

Laß mich in deiner Liebe
mich selbst erkennen;
nimm mir die Angst
vor mir selbst.
Gib du mir die Kraft,
mich selbst zu ertragen,
damit ich nicht andere
verletzen muß.

Verletzter Jesus,
deine unverletzliche Liebe
wird mich heilen.

Herr, erbarme dich.

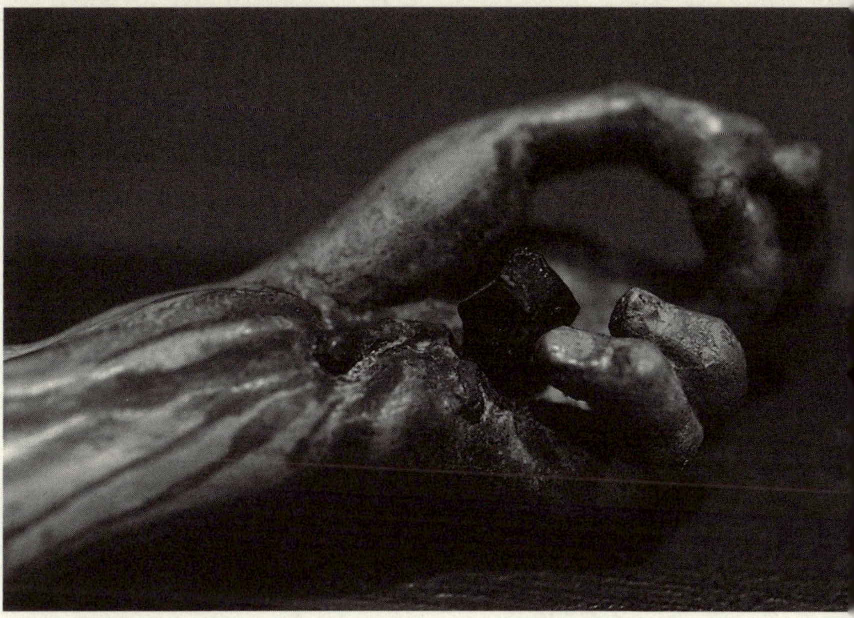

Hand, durchbohrt

2. Hassen müssen

Ich *muß* hassen.
In mir wurde etwas aufgeweckt,
das mich nicht mehr in Ruhe läßt,
das ich nicht beruhigen kann.
Das, was mich quält,
bin eigentlich ich selber.
Der andere mag Anlaß sein,
der Grund liegt in mir selbst.

Ich
bin mit mir selbst geschlagen,
weil ich hassen *muß*.

Ich muß hassen,
weil ich den Haß
und die Not der anderen
nicht annehmen kann, –
weil ich meine angeborene Habsucht
nicht mehr selbst begrenzen
und von anderen begrenzen lassen kann.

Ich muß hassen,
weil ich durch meine angeborene Ichsucht
mit mir selbst
und mit allen anderen
nicht richtig –
das heißt liebend –
umzugehen vermag.

(Das ist die angeborene Urschuld;
weil Gott fehlt,
bin ich mir selber ausgeliefert.)

Es „bohrt" in mir;
ich muß „bohren";
ich brauche jemand,
den ich durchbohren kann.

Gebet

Herr,
du weißt
um mein Hassen-Müssen,
ich kann nicht anders;
ich muß
mich immer wieder ärgern.
Du verlangst nichts,
was ich nicht kann.
Du strecktst mir deine Hand hin,
die durchbohrte.
Du läßt mich sehen
und erkennen:
alles, was in mir bohrt,
und alles, was mich bohrend
und durchbohrend macht, –
alles Verletzte
und Verletzende
hast du in deine Hand genommen.
Meine Bosheit
hast du
in deine Hand genommen.

Durchbohrter Jesus,
du gibst mir die Kraft,
daß ich mich
von meiner Bosheit trenne.

Herr, erbarme dich.

3. Nicht dürfen

Ich spüre genau:
ich soll nicht,
und ich darf nicht hassen.
Aber ich *muß* doch hassen,
ich *muß* mich doch ärgern.
Gerade deshalb, weil ich nicht *darf,*
muß ich ja.
Der Angegriffene
muß angreifen.
Ich werde von meinem Haß nur frei,
wenn ich ihn auslassen
und herauslassen kann.
Wenn ich ihn verdrängen will,
staut er sich nur an.
Aber ich darf doch nicht hassen! –
Ich mache mir einfach etwas vor,
damit ich beruhigt hassen kann:
ich legalisiere meine Wut,
indem ich auf die Schuld der anderen schaue.
Siehe da!
Plötzlich finde ich mich
als Held;
als Kämpfer für die gerechte Sache!
So entstehen alle Kriege,
die kleinen und die großen,
und für die Menschen, die sie führen,
sind sie „heilig“ und „gerecht“.

Es ist ein Segen,
wenn Habsucht, Rachsucht, Haß
geregelt sind
im Zwang der Gleichgewichte.

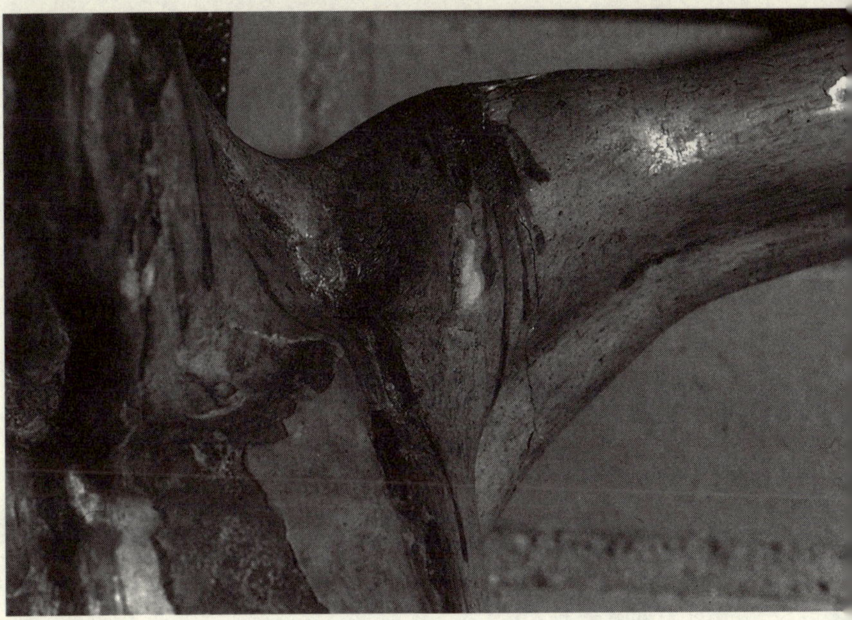

Schulterwunde

Menschliche Gerechtigkeit
macht Leben möglich,
doch sie befreit noch nicht
von Habgier und vom Haß,
von unserer angestammten Tragik.

Gebet

Herr,
deine Wunden!
Von uns Menschen
geschlagen,
gefoltert,
bis zum Zusammenbruch
belastet.

Wir müssen hassen,
weil wir gehaßt sind,
– von uns selbst.
Du nimmst unser Hassen
auf dich,
und du –
mußt nicht mehr hassen;
du bist die Liebe.
Du hast den Kreislauf
unseres Hassens
endgültig durchbrochen;
du schlägst nicht zurück.
Du forderst nichts,
keine Rache –
keine Genugtuung.
Du zeigst mir
meine ganze Bosheit,
aber du hältst sie mir
nicht mehr vor –
wie die anderen Menschen
und wie ich selbst.
Du bestrafst mich nicht,
nie bist du mir böse.

Geschlagener Jesus,
du gibst mir die Kraft,
daß ich nicht mehr
zurückschlagen muß,
wenn ich dich sehe
mit meinen Wunden.

Herr, erbarme dich.

4. Töten „müssen“, vernichten

Mein Hassen
und mein Haben-Müssen
gehen aufs Ganze –
ins Unendliche.
Sie sind nicht begrenzt
wie bei den Tieren.
Ich muß nicht nur angreifen,
ich muß *siegen:*
den anderen treffen,
ins Herz treffen,
erledigen,
töten.
Ich kann nicht aufhören,
es bohrt in mir so lange,
bis ich erlebe,
daß ich den anderen
„vernichtend“, „endgültig“
„geschlagen“ habe.

Es muß nicht immer blutig sein,
wenn Menschen töten;
Worte, Blicke, Gesten und Symbole
können tödlich sein.
Ein zertrümmerter Teller,
ein zerfetztes Gewand –
Symbol für einen Mord.
Der Haß
bedient sich auch der Wahrheit,
des Rechts, der Wohlanständigkeit,
um zu töten –
die schlimmsten aller Tarnungen!

Ob ich den anderen töte
oder ihn zum Selbstmord treibe,
oder ob ich mich selbst vernichte,
das ist alles eins
im Teufelskreis des Hasses.
Hassen, sich selbst und andere quälen,
zerfleischen, zerfetzen, vernichten –
das gehört
zur ab-„gefallenen" menschlichen Natur.
Der Mensch – sein eigenes Abfallprodukt!

Gebet

Herr,
du gibst dir
jede Blöße.
Alles
läßt du an dich
heran-kommen.
Du hast ein Herz
für unsere Bosheit.
Wir gehen dir
mit allen unseren Süchten,
Sünden und Verbrechen
zu Herzen.
Meine Bosheit
öffnet dein Herz.

Herzwunde

In deinem Herzen
kommt mein Schmerz,
mein Ärger,
mein Haß,
zur Ruhe.

Aus deinem geöffneten Herzen
strömt deine Liebe,
dein hingebendes Leben.

Herz Jesu,
du bist das erlösende Ziel
meiner Bosheit
und aller meiner Leiden;
du bist die Quelle
meiner Freude.

Herr, erbarme dich.

5. Befriedigt und zufrieden sein

Der Haß – mein Haß –
sucht sich ein Opfer,
um sich zu entladen.
Und dieses Opfer
muß für mich schuldig sein,
sonst bin ich gehemmt
in der Entladung.
Menschen sprechen Menschen schuldig,
oder Tiere, oder Dinge
(wo Menschen sind,
ist immer Schuld zu finden!),
um ein Haßopfer zu haben,
das meistens ganz „legal"
(auch mit geheimnisvollen Ritualen)
getötet und vernichtet wird.

Ist dies geschehen,
dann „ist es vollbracht".
Es tritt die Ruhe ein,
die Ent-Spannung.
Die Wut ist gekühlt,
der Haß ist zu Ende,
ich bin für einen Augenblick
frei vom Druck des Hassen-Müssens.

Es kann nun sein,
daß ich sogar
den liebe und verehre,
den ich selbst getötet habe.
Ich erlebe dies sehr oft:

Haupt

Wenn ich im Streit soweit gegangen bin,
daß ich den anderen getroffen habe,
daß er weint,
daß er irgendwie erledigt ist,
dann ist das der Augenblick,
in dem der Gehaßte vielleicht wieder
zum Geliebten wird;
der Augenblick,
in dem ich meine wahre Schuld und Tragik
erahnen kann.
Warum muß ich immer hassen,
gerade da, wo ich lieben will?

„Sie werden auf den schauen,
den sie durchbohrt haben!“

Aber müssen es immer Menschenopfer sein?

Gebet

Herr,
unser Leben,
unser Töten,
unsere Verzweiflung
sind bei dir
an-gekommen
und von dir
auf-genommen.
Deine toten Augen
strahlen im Blick ewiger Liebe
und ewiger Ruhe.
Meine Angst
und alles, was sie hervortreibt,
ist in dich eingegangen.
Du
bist mir
„zum Opfer gefallen",
du bist mein Opfer geworden.
Jetzt gehörst du mir ganz,
wenn ich dich nehme
und dich nicht hängen lasse.
In deinem toten Leib
bist du mir
ganz geneigt,
gewogen.

Getöteter Jesus,
du bist mein Tod geworden.
Du erfüllst ihn
mit ewiger Ruhe,
    ewigem Frieden,
    ewigem Leben.

Herr, erbarme dich.

6. Schuldig sein

Du bist mein Opfer geworden;
du offenbarst mir meine ganze Tragik.
Ich mußte dich verletzen,
weil ich selbst so verletzt bin.
Ich selbst bin so verletzt,
so getötet wie du,
darum habe ich dich verletzt und getötet.
Diese Erklärung
gibt mir kein Recht auf meine Bosheit;
ich habe letztlich auf nichts einen Anspruch.
Jetzt kann ich einsehen,
daß ich auf gar nichts pochen kann,
daß ich ganz und nur
auf Liebe – auf deine Liebe –
angewiesen bin.
Du bist mein Freund,
weil ich dich als Feind gebrauchen durfte.
Du hast meinen Haß
auf dich gezogen
und auf dich genommen,
ohne daß du mich wieder haßtest.
Du bist geblieben,
bist mir, meinem Haß,
nicht ausgewichen.

Dein Tod
zeigt mir deine Liebe,
dein Tod
macht mich frei.
Ich lebe
von deinem Tod,
den ich dir bereitet habe.

Warum vergreife ich mich
immer wieder an den Menschen,
die selber hassen müssen,
die sich selbst und mich
nicht ertragen
und nicht erlösen können?

Ich müßte *dich* suchen
in meinem Haß,
in meiner Habgier
und in meiner Eifersucht.

Gebet

Herr,
deine Liebe ist größer
als alle Schuld der Menschen.
In meiner Schuld
und in meiner Tragik
wird mir
deine grenzenlose Liebe
offenbar.

Der Gekreuzigte

O glückselige Schuld!
Ich habe nichts mehr,
worauf ich pochen könnte
oder mir etwas einbilden.
Ich habe auch nichts mehr,
dessen ich mich schämen müßte.
Dein Tod
prägt mich neu.

Erhöhter Jesus,
du ziehst mich
aus den Zwängen
meiner Schuld und Tragik
in deine,
in meine –
Freiheit.

Herr, erbarme dich.

7. Nimm mich

Er spricht vom Kreuz:
Nimm mich
in deinem Haß
für deinen Haß,
für deine Wut und Eifersucht.
Ich habe einen Leib angenommen
und bin gekommen,
um mich dir
ganz hinzugeben.
Durch mich bist du erschaffen,
ich kenne dich,
ich liebe dich,
ich rufe dich beim Namen.

Ich bin dir nah
und bleib dir immer nah.
Töte *mich*,
ich trage für dich
die ganze Verantwortung,
auch für deine Schuld
und Tragik.
Ich habe nie aufgehört,
dich zu lieben,
auch als du dich abgewandt hast
und in mir den Feind gesehen hast.

Ich bin dir nah,
in deiner Schuld und Sünde.
Hab keine Angst,
wenn du dich in deinen Abgründen
immer mehr entdeckst.
In den tiefsten Abgründen
deines Daseins
wirst du mich finden.

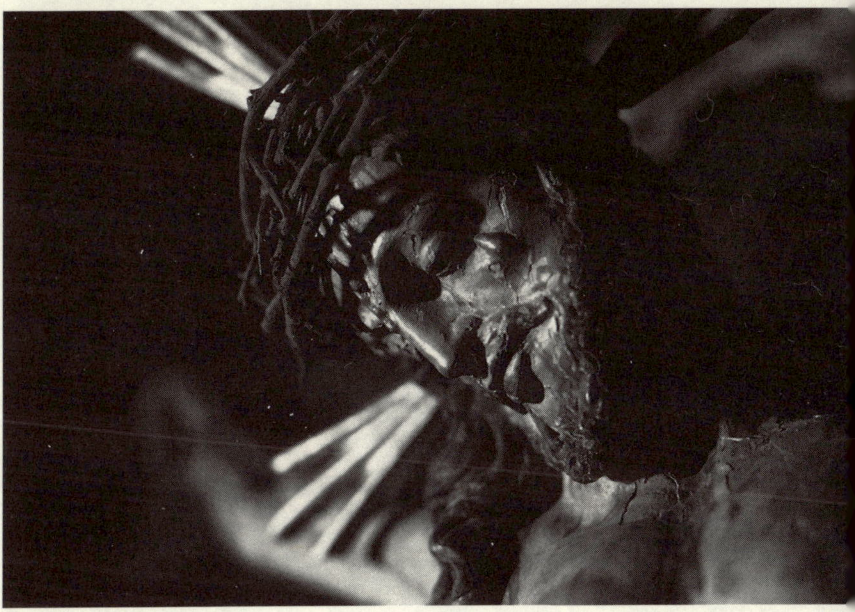

Haupt, sprechend

Meine Liebe kannst du nie verlieren;
du *darfst* mich töten.
Du *darfst* bei mir so sein, wie du bist;
so böse, wie du bist.
Wenn du schlagen „mußt",
schlage mich –
nimm mich,
nimm mich an!

Gebet

Herr,
dich will ich suchen,
dich will ich nehmen,
wenn mich
Haß und Habsucht,
Eifersucht und Rachsucht
quälen.
An dir ist schon vollzogen,
was sich in meiner Bosheit
verdichtet
und zum Ausbruch kommt.

Sei du mir nah,
sei mir nah
vom Kreuz.
Nur deine Nähe
kann mich verwandeln.

Naher Jesus,
verbinde mich
mit dir
und laß mich
verbindlich werden,
damit ich nicht mehr
Wunden schlage,
sondern heile.

Herr, erbarme dich.

8. Erlöst sein

Wenn du mich nimmst, –
an-nimmst,
mußt du nicht mehr böse sein,
weil du *darfst*;
du mußt nicht mehr
haben, hassen, töten,
weil du darfst.
Dein Haß ist jetzt bei mir;
ich habe deinen Haß
und deine ganze Schuld
auf mich genommen.
Deine Schuld ist meine Schuld;
du bist frei.

Wenn du mich
in dein Leben nimmst,
kannst du lieben,
wenn sie dich hassen;
du brauchst nicht mehr zurückzuschlagen,
nicht mehr davonzulaufen
vor dir selbst
und vor anderen.
Du kannst dich und andere mögen,
so wie du bist, so wie sie sind.
Du kannst liebend leiden,
befreiend dulden,
erlösend sterben.
Du kannst, –
weil *ich* in dir
und durch dich hindurch
liebe, leide, lebe, sterbe,
auferstehe.

Gebet

Herr,
wenn ich dich nur habe,
frage ich nichts mehr.
Mögen Herz und Fleisch
mir schwinden –,
du
bist mein Gott,
mein An-teil –
auf ewig.

(Nach Psalm 73)

Der Gekreuzigte, nah

Impulse zum Verständnis von Erlösung

Die vorangegangenen Überlegungen und die nachfolgenden besinnlichen Impulse werden bei vielen Lesern zunächst auf Widerstände stoßen. Es fällt uns schwer, uns selber mit den hassenden Menschen zu identifizieren, denen „der Menschensohn hingegeben wird"; wir meinen, wir sind doch nicht so; es waren doch ganz andere, „die anderen", die Jesus gefoltert und hingerichtet haben. So erklärt sich auch der (frühere?) christliche Antisemitismus, der schon in Kinderherzen Wurzeln schlug: „Die bösen Juden, die meinen lieben Jesus gekreuzigt haben!" So entstand ein Feindbild, das religiös motiviert war und wohl gerade deshalb zu den schlimmen Folgen führte, die wir aus der Geschichte kennen.

Wenn es auch heute nicht mehr „die Juden" sind, die „unseren lieben Jesus" gekreuzigt haben, so sind es doch *andere* als wir, von denen wir uns distanzieren, mit denen wir uns aber auf keinen Fall identifizieren. Wenn wir uns aber mit den „Jesusmördern" nicht irgendwie echt identifizieren können, bleibt uns der „hingegebene Jesus" fern; er wird nicht erlebt als der *mir* Hingegebene. Dadurch kommt die praktische Erlösungstat Gottes in meinem konkreten irdischen Leben so wenig zum Tragen. Ich bekenne mich zwar zur christlichen *Religion*, aber der christliche Glaube als Lebensweg und echte „alternative" Lebensmöglichkeit bleibt weiterhin unwirksam.

Eine weitere Schwierigkeit geht Hand in Hand mit der eben genannten: Ich traue Gott nicht zu, daß er mich so mag, wie ich wirklich bin. Er, als der unendlich Vollkommene, „muß" doch die Braven lieber mögen als die Bösen. Und darum tue ich alles (bis zum Selbstbetrug), damit ich das Gefühl und das Bewußtsein habe: „ich bin brav"; dann (und für viele gilt: *nur* dann) habe ich die Gewißheit, daß Gott mich liebt und daß ich nach diesem oft so schrecklichen Leben – mit all seinen „für ihn" erlittenen Leiden – ganz sicher in den Himmel komme. Was tut Gott mit den „anderen"? Diese Frage steht aufreizend und entlarvend vor uns.

Die Gedanken der folgenden zwei Abschnitte wollen ein wenig zum Abbau der praktischen Hemmschwellen unserer Erlösung beitragen.

Die Überschriften sind bewußt etwas aufreizend formuliert, damit man sofort an die Stelle kommt, an den „wunden Punkt", wo die Hemmschwellen und Verhärtungen sitzen.

Vom „Haß der Frommen"

Dieses Wort ist zunächst deshalb aufreizend, weil es ein Paradox enthält: Der wahrhaft „Fromme" haßt doch nicht! Es ist beleidigend, einem Menschen, der sich um echte Frömmigkeit bemüht, Haß und Bosheit nachzusagen. Wie ärgern wir uns doch, wenn uns, die wir uns um unseren Glauben bemühen, jemand Scheinheiligkeit nachsagt! – Ja, wir *ärgern uns* über die „bösen" anderen; da liegt schon der Keim vom „Haß der Frommen".

Dies ist der zweite Grund, warum uns dieses Wort unangenehm berührt: Wir fühlen uns persönlich diskriminiert; wir halten uns doch für echt fromm, auch wenn wir den Gebrauch des Wortes „fromm" wegen seiner schillernden Bedeutung scheuen. Das Wort „fromm" ist ja nicht für die wenigen Heiligen reserviert, die in hervorragender und vorbildlicher Weise ihre Haßkräfte verwandelt haben (in der Nachfolge Christi), sondern es bezieht sich auf jeden Menschen, der richtig, anständig und religiös leben möchte.

Im Wörterbuch (Duden) kann man für „fromm" folgende Bedeutungen finden: nützlich, brauchbar, tüchtig, rechtschaffen; im religiösen Sinn: fügsam, artig. Im Wort „frömmeln" ist die negative Bedeutung schon enthalten: frömmeln = nicht echt fromm sein. Aber was heißt „echt" fromm sein, was ist Frömmigkeit?

Wer die Bibel kennt, weiß, daß Gott meistens an den Frommen scheitert, an denen, die alles „richtig" machen, die ganz angepaßt und eingepaßt sind in das religiös-sittliche System ihrer Zeit. Zur Zeit Jesu waren das die Pharisäer. An ihnen ist Jesus gescheitert, ja, er mußte an ihnen scheitern (sofern man vom „Scheitern Jesu" sprechen kann!), weil er ihre Identität total in Frage stellte und ihnen damit die innere Existenzgrundlage entzog. Die Pharisäer „mußten" Jesus töten, wenn sie sich und das ganze System nicht aufgeben wollten.

Man kann – damals wie heute – Jesus nur annehmen, wenn man auf keine eigene Richtigkeit mehr pocht, und wäre sie noch so „ehrlich“ und „fromm“ ausgedacht und aufgebaut. Bei Zöllnern, Sündern, Dirnen ist Jesus angekommen. Sie konnte er erreichen – und sie ihn. Sie erkannten, was die Frommen nicht erkennen konnten. Der Grund, warum gerade sie für Jesus erreichbar waren, war nicht ihre Sünde als solche, sondern das Bewußtsein und die Erfahrung, die aus der Schuld kamen: sie konnten auf nichts pochen, sie konnten das Bewußtsein „ich bin schon recht“ nicht mehr haben. Erlösung als die Erfahrung des totalen Angenommenseins setzt nicht die tugendhafte Leistung voraus, sondern Demut, Anspruchslosigkeit und Verzicht auf jedes Urteil.

Gott kann nur Sünder erlösen, Menschen, die sich ihrer Schuld bewußt sind, und nicht die Frommen, die sich für gerecht halten.

Es ist wohl der Fluch der Sünde, die „Ur“-Sünde, daß der Mensch aus seinen richtigen Einsichten sofort wieder ein System macht, in das er sich einbringen und in dem er sich unterbringen kann, – daß er genau das tut, was er vermeiden möchte: Ich suche Gott und will ihm dienen, ich möchte es „ganz richtig“ machen, und ich werde zum (unerlösten) Pharisäer, ohne daß es mir bewußt wird. Ich weiß, daß es nur auf Demut und Dienst ankommt, aber unversehens bilde ich mir schon wieder etwas ein auf meine Demut. „Wer groß sein will, sei euer Diener“, sagt Jesus; kaum gesagt, wird das Wort „Diener“ im Superlativ „Diener aller Diener“ zum „Ehrentitel“ für Päpste. Ich will kein „Pharisäer“ sein, und indem ich keiner sein will, bin ich schon einer. Ob ich nun sage: ich will nicht sein wie diese „Sünder“ oder wie diese „Pharisäer“, es ist jedesmal dasselbe. „Mein Gott, ich danke dir, daß ich nicht bin wie diese Sünder“ (die dein Gebot nicht halten und nicht in die Kirche gehen), oder: „ich danke dir, daß ich nicht bin wie diese Pharisäer“ (die in die Kirche gehen und dann doch ...), – es ist dasselbe.

Der Haß (Aggression, Wut) bricht immer an der Stelle aus, wo meine Selbstbejahung angegriffen wird. Indem mich ein anderer oder etwas anderes (etwa ein anderes Wertsystem) in meiner Selbstbejahung in Frage stellt und das bezweifelt, worauf ich mich absolut verlasse, fühle ich *mich* angegriffen und *muß* entsprechend reagieren. Mein Zorn wird natürlich immer als „heiliger“ und „gerechter“ Zorn ausgelebt, weil er ja aus meiner angegriffenen Identität entspringt. Und ich *muß* ja doch leben, ich kann mich nicht aufgeben. Unangreifbar in meiner Identität werde ich erst durch den Glauben, durch den ich erleben darf, das ich daß bin, was ich durch Gott und vor Gott bin. Der Quellort des Hasses läßt sich ferner bestimmen als der Punkt, wo mir jemand etwas streitig macht, worauf ich einen absoluten Anspruch habe oder erhebe (zu haben glaube!).

In diesem Haben- und Hassen-*Müssen* erlebe ich praktisch meine „Erb"-Schuld oder „Ur"-Sünde. Theologisch-theoretisch sehe ich das gewiß ein, und ich „glaube" auch an die Erbschuld, aber praktisch realisiere ich diesen Glauben nicht, weil mich eben diese Erbschuld daran hindert. Gerade der „Fromme", der „an-ständige" Mensch, pocht auf die Gerechtigkeit und Natürlichkeit seiner Emotionen und sieht nicht mehr die Tragik seines Hassen- und Haben-Müssens. Bei aller „Natürlichkeit" wird praktisch nicht mehr realisiert, daß es sich um die „gefallene" Natur handelt, also genau um das sündige Moment in unserer Natur. Könnte ich praktisch meine Erbschuld annehmen, wäre ich frei von Haß und Habsucht, meine Kräfte dienten alle der Harmonie und dem Frieden. Ich muß zunächst einmal einsehen, daß ich das aus meiner Kraft und aus meiner natürlichen Identität heraus einfach nicht kann, und wenn jemand das von mir verlangt, verlangt er etwas Unmögliches, nämlich die Aufgabe meiner Identität, meiner selbst. Es muß noch etwas ganz anderes mit mir geschehen als die sonst in sich wirkungslose Aufforderung, an die Erbschuld zu glauben. Deshalb können viele Christen bestenfalls nur dem Buchstaben nach (also theoretisch-intellektuell) an die Erbschuld glauben, während die gottfreie Wissenschaft (z.B. die klassische Psychoanalyse) Schuld und Erbschuld, und damit auch das Erbarmen (Gnade), nicht kennen und kennen können.

Nun ist aber der Mensch einmal so, wie er ist, und nicht so, wie er sich selber gerne sehen möchte. Es ist die Tragik aller Erkenntnis, daß sie zunächst nicht stimmt, weil eben der „Wurm" (die Schlange!) in der „natürlichen" Basis der Erkenntnis schon drin ist. Es ist eine ähnliche Sache wie mit der Gotteserkenntnis, von der Thomas von Aquin sagt, sie sei dem Erkannten mehr unähnlich als ähnlich. Die Bibel versucht, mit Bildern und Symbolen die Ur-Sünde zu zeigen: Der Mensch will sein eigener Gott sein, und er macht sich zu seinem Gott. Das heißt praktisch: Ich gehe in meinem Denken und Handeln von mir aus. Andererseits aber kann ich gar nicht anders als von *meinen* Einsichten und Erkenntnissen ausgehen, also von dem, was ich habe und was aus mir herauskommt; darin liegt die

Tragik der Erbschuld. Gewiß ist das Gute auch im Menschen drin (Goethes „edel sei der Mensch, hilfreich und gut"!), aber im entscheidenden Moment bin ich doch den Mechanismen von Haß und Habsucht ausgeliefert. (Auch Goethe hielt sich für „jeden Verbrechens fähig"!) Wenn ich nicht von mir selber ausgehen soll, wenn ich einen anderen Bezugspunkt als mich selbst haben soll, muß ihn mir jemand geben, und es muß mich jemand anderer *befähigen*, mich aufzugeben. Ich *kann* immer nur von mir ausgehen (auch in der Wahl meiner Bezugspunkte und Wertsysteme). Es muß ein *„Stärkerer"* als ich kommen, der mir meine ganze Rüstung der Selbstverteidigung (= Verteidigung vor mir selber!) abnimmt.

Ob „fromm" oder nicht: Solange und insofern sich meine spontanen Lebenskräfte in Haß (Zorn) und Habsucht äußern, und nicht in der Kreativität beglückender Liebe, bin ich noch nicht erlöst, bzw. hat mich die Erlösung noch nicht erreicht und verwandelt. Die alte Lehre von den Haupt- oder Wurzelsünden (Hoffart, Geiz, Unkeuschheit, Neid, Unmäßigkeit, Zorn, Trägheit) zeigt ebenfalls diese tragische ursprüngliche Verfassung des Menschen, der nur sich als seinen Ausgangspunkt hat. Der Mensch muß sich mit seiner Veranlagung in ein System der Vernunft bringen (Rechtsstaat), in dem Haß, Habsucht, Rachsucht ins Gleichgewicht gebracht werden. Dadurch kann er (bis jetzt noch!?) existieren, aber erlöst wird er nicht. Es gibt kein erlösendes Gesellschaftssystem, auch kein christliches. Es kann eben kein System erlösen, sondern nur Gott „höchstpersönlich". Meine „von Gott gegebenen" Naturrechte und Grundwerte sind relativ im Bezug zu meinen Artgenossen; sie ermöglichen Existenz auf Erden, stellen aber keinen Anspruch Gott gegenüber dar. Könnte ich meine Rechte und Ansprüche als „Spielregeln" verstehen und könnte ich mein Leben „spielen", dann wäre die ganze Atmosphäre des Lebens entgiftet.

Man kann das Phänomen „Haß der Frommen" auch als eine sehr weit gefaßte Eifersucht verstehen. Es ist die Verlustangst um mich selber, die Angst, ich könnte nicht mehr ich sein, ich könnte nicht mehr Gott sein. Der Zweifel an Gott führte zur Entzweiung mit Gott und zur Selbstvergottung. Die Angst um mich und die Erfahrung, daß ich mir selbst doch nicht genügen kann und nicht Gott sein kann, führt zur Verzweiflung und allen Verzweiflungstaten als Auswirkungen der Ursünde. Am Beispiel der Eifersucht könnten alle Menschen die Ursünde erleben. Aber meistens weicht man aus und streitet über gerechte und ungerechte Eifersucht, und man gibt sich zufrieden, wenn man „mit Recht" auf die bösen anderen böse sein „darf", denn „ich bin ja unschuldig und viel weniger schuldig" als die anderen.

Jede Eifersucht, ob sie zu Recht oder zu Unrecht besteht, zeigt einen Entgottungsprozeß an: Ich muß, bzw. ich darf erleben, daß ich nicht Gott bin, daß ich nicht alles – ja eigentlich (vor Gott und der letzten Wirklichkeit des Lebens) gar nichts bin. Frage: Warum muß ich das erleben? – Ja, weil ich eben nicht Gott bin und ohne den einzigen wahren Gott gar nichts bin. Frage: Wozu muß ich das erleben? – Damit mir Gott wieder alles werden kann.

Es wäre allerdings schon Erlösung, wenn ich meine Eifersucht als „Entgottung" verstehen könnte. Praktisch sieht das so aus: Ein Mensch sagt mir und signalisiert mir: „Du bist mein ein und alles; du bist mein Gott; ohne dich kann ich nicht leben!" Gierig trinke ich diese Vergötzung in mich hinein und lasse es zu, daß sich der andere ganz von mir abhängig macht, weil es ja so (verhängnisvoll) beglückend ist, für jemanden „alles" zu sein. Auch wenn ich es nicht bewußt wahrhaben will, ich fange an, meine Göttlichkeit zu genießen und auszubauen, wobei der Sprengstoff der Abhängigkeit immer zunimmt in der gegenseitigen Vereinnahmung. Wenn ich für dich „Gott" bin, erlebe ich mich auch für mich als Gott, und ich nehme mich gerade dort für wichtig, wo ich es überhaupt nicht bin; – denn *Gott* ist die Liebe; ER liebt mich und dich, wenn „wir" uns lieben. Das Leben selbst, der wahre Gott, läßt dieses „Paradies" gegenseitiger Vergötzung nicht zu. Irgendwann muß (darf!) ich erleben, daß ich eben nicht „alles" bin für den andern, daß er anderes und andere auch noch „braucht". (Man muß nicht gleich an Ehebruch denken, aber auch er ist ein Entgottungs- und Vergottungsproblem.) Und das kann ich nicht mehr aushalten, – daß ich nicht mehr alles bin, daß es ohne mich auch geht. Wenn ich den anderen, der mich vergötzt hat, verliere, verliere ich mich im Innersten selbst als meinen „Gott"; ich stürze vom eigenen Thron. Meist verlaufen solche Entgottungsprozesse als fürchterliche Verteufelungen, manchmal bis zum Mord oder Selbstmord.

Ich überfordere mich und die anderen in jedem Fall, ob ich einem anderen „alles" sein will, oder ob mir ein anderer oder etwas anderes

(Geld, Dinge, Genuß, Konsum) „alles" bedeutet; denn der Mensch ist so erschaffen, daß ihm nur Gott alles sein kann („Gott allein genügt"). Freilich, in einem irdisch-vorläufigen Sinn kann mir ein Mensch schon alles bedeuten, aber ich müßte ständig darum beten und darum bemüht sein, daß mein Herz letztlich ganz an Gott hängt, nicht an einem Geschöpf oder an einem System von Richtigkeiten, d. h. an mir selbst. Ich müßte mich von mir selber als Bezugspunkt lösen – und dazu bin ich nicht fähig, also muß ich erlöst *werden*.

Alle Versuche der Selbsterlösung durch Leugnung der Erbschuld oder durch eigene Leistung müssen scheitern, weil sie ja von mir ausgehen und mich deshalb immer wieder auf mich selber zurückwerfen.

Dem christlichen Glauben wird manchmal vorgeworfen, daß er durch den Glauben an die Erbschuld den Schuldkomplex erst schaffe, aus dem Angst und Aggression hervorgehen. In diesem Zusammenhang müßte man eher von einem *Un*schuldskomplex sprechen: Wir ignorieren das Böse, das Nicht-sein-Sollende in uns, obwohl es in Haß und Habsucht dauernd vor-kommt, weil wir es nicht ertragen, schuldig zu sein und in einem „Soll" zu leben, das nicht von mir persönlich verursacht wurde. So beschränkt sich unser Schuldbewußtsein häufig auf die erlernten Schuldgefühle, die auf Gebote und Normen hin ausgerichtet sind, aber die Ur-Sünde nicht mehr erfassen. Das theoretische Verständnis von Vergebung der Erbschuld in der Taufe – wie überhaupt das theoretische Verständnis von Vergebung – trägt auch dazu bei, daß Schuld nicht mehr wahrgenommen wird. „Vergebung" wird als Erlaubnis mißverstanden, so zu leben und sich so zu fühlen, als ob es Erbschuld und Schuld für mich nicht mehr gäbe. So lebe ich wieder im Unschuldswahn der Schuldverdrängung. Ich verdränge die Schuld, bevor ich sie in vollem Umfang bewußtwerden lasse, und so gehen die verändernden Impulse verloren, die aus der Vergebung erwachsen. Die Sakramente werden häufig als Vergebungsmechanismen gehandhabt, die es mir erlauben, wieder in „frommen", pharisäischen Unschuldsgefühlen zu schwelgen im Bewußtsein meiner „Richtigkeit" vor Gott. Das Bewußtsein der Richtigkeit stützt sich jetzt auf Gott selbst in einer mißverstandenen Vergebung.

Die praktische Bedeutung von Vergebung ist etwas ganz anderes als die Erlaubnis zu Unschulds- und Richtigkeitsgefühlen. Vergebung bedeutet im Gegenteil, daß ich meine Schuld einsehen und annehmen kann. Vergebung heißt Angenommensein in und mit der Schuld. Jetzt brauche ich meine Schuld nicht mehr zu verdrängen (die Erbschuld und alle persönliche Schuld); ich kann sie zu-geben und selbst annehmen, weil ich in ihr angenommen bin. Ich bin in der Vergebung von der *Last* der Schuld befreit. Vergebung ist die tiefste Anerkennung der Schuld, nicht ihre Ignorierung. Anerkennung von Schuld hat ganz andere Konsequenzen als Ignorierung. Wenn mir jemand eine Last abnimmt, verschwindet nicht die Sache oder der Sachverhalt, die mich belasten, sondern es verschwindet das Belastende, eben die Last der bedrückenden Sache. Ich brauche sie nicht mehr abzuwälzen, ich kann sie jetzt annehmen. Wenn ich die Sache (den Sachverhalt), deren Last mir abgenommen ist durch die Liebe eines anderen, jetzt anschaue und annehme als die meinige, wird sie mir zum beglückenden Erlebnis der Befreiung, in dem meine spontanen Lebenskräfte umgepolt werden vom Haß zur Liebe, von der Habsucht zum absichtslosen Schenken, vom Verdammen zum Vergeben. Wenn Vergebung verstanden und gelebt wird als Erlaubnis zu Unschuldsgefühlen, bleibt die Frucht der Vergebung, der Beginn und der Fortschritt meiner Verwandlung, aus, und ich hätte „die Gnade Gottes vergeblich empfangen“. In der Vergebung verschwinden nicht die Dynamik und die Anlage von Haß und Habsucht; aber wenn ich die Liebe, die Kraft der Vergebung, „hineinlasse“, werden unter meiner Mitwirkung und Selbstbeteiligung Haß und Habsucht immer mehr abgebaut und in Liebe verwandelt. Die herkömmliche Unterscheidung von Sünde, Folge der Sünde (Erbsünde), Sündenstrafe zielt auf diesen Sachverhalt. Diese Unterscheidung ist aber so abstrakt, daß man sie tiefenpsychologisch interpretieren muß, damit man bewußtseinsmäßig erfassen kann, was damit gemeint ist.

In und *aus* Vergebung zu leben, heißt nicht leben im Bewußtsein des Richtigseins, sondern im Bewußtsein des In-Schuld-geliebt-Seins. Hier könnte man auch zwischen „recht“ und „richtig“ unterscheiden: Das pharisäisch-fromme Bewußtsein ist das Bewußtsein des *Richtig*-Seins (ich mache alles richtig), das liebend-fromme Bewußtsein ist das Bewußtsein des *Recht*-Seins (ich bin geliebt und kann lie-

ben; „liebe und tu, was du willst," d.h., was dir die Liebe in deinem Geliebt-Sein gebietet!).
Auf dem Hintergrund dieses Verständnisses von Vergebung wird die Erlösungstat Jesu – und die Erfahrung von Vergebung – erst zugänglich.

„Böse sein dürfen"

Dieses Wort klingt zunächst ebenso aufreizend wie das Wort vom „Haß der Frommen". Für unser natürliches, aber von der Erbschuld mitgeprägtes Bewußtsein schließt das Fromm-Sein den Haß ebenso aus, wie der Haß (das Böse) das Sein-Dürfen. In den Begriffen „Böse", „Haß", „Habsucht", „Eifersucht" usw. ist das Nicht-sein-Sollen und Nicht-sein-Dürfen schon mitenthalten kraft Definition. Gott (als Mensch) töten (und sich „einverleiben") zu „dürfen", muß geradezu als skandalöser Unsinn empfunden werden. Aber gerade dies ist das erlösende Paradox, der erlösende „Skandal des Kreuzes", – die Erlösungstat Gottes, die nur er als der Schöpfer vollbringen konnte: Der Mensch soll erleben, daß er mit aller Schuld, mit allem in sich Nicht-sein-Sollenden geliebt und angenommen ist. Gott erlaubt dem Menschen, der soviel Unerlaubtes getan hat und tut, das Dasein, er darf sein, wie er ist, – er wird nicht verdammt, sondern geliebt. Gott liebt seine Feinde (vgl. Röm 5, 8-10), und nur, wenn ich mich als „böse Seiender" lieben lasse, kann mich die Liebe verwandeln. Das Bewußtsein, daß wir „von Haus aus" Sünder sind, Feinde, fehlt uns „von Haus aus". Die schlimmste Folge der Erbsünde ist, daß wir uns ihrer praktisch nicht bewußt sind.
Uns fehlt das Ur-Schuldbewußtsein. Unser praktisch vorhandenes Schuldbewußtsein deckt sich meistens mit den Schuldgefühlen, und diese beziehen sich auf Verstöße gegen das erlernte Norm- und Regelverhalten. Dieses Norm- und Regelverhalten dient dem erbsündigen (= habsüchtigen und aggressiven) menschlichen Wesen, um zu überleben. Es „verwaltet" die Erbschuld; es hilft, mit der Erbschuld zu leben, aber es hebt diese Erbschuld nicht auf. Die „gerechte Ordnung" auf Erden, sofern wir sie haben, ist eine „Ordnung der Sünde", die lediglich versucht, ein vernünftiges Gleichgewicht mensch-

lich sündiger Ansprüche und Strebungen herzustellen. Das „Gewissen“ reagiert in der Regel auf diese Gleichgewichte bzw. Ungleichgewichte, und wenn ich das Gefühl habe, es stimmt alles, ich *mache* alles richtig, ich *bin* richtig –, dann habe ich ein „gutes Gewissen“. In dieser irdischen Ordnung der Sünde, in der man „darf“ und „nicht darf“ kraft „Gesetz“, kann der Mensch existieren, aber erlöst wird er von seinem Hassen- und Haben-Müssen nicht; kraft dieser „Ordnung des Gesetzes“ wird er noch nicht befreit zur Liebe, er wird lediglich *begrenzt* mit den Einschränkungen seiner Willkür, die für das Überleben unumgänglich sind.

Die „Ordnung der Sünde“ (etwa: „Aug um Aug, Zahn um Zahn“) sollte man nicht verachten, denn sie ist das zunächst Erreichbare. Auch der Christ, der um Erlösung weiß, sieht in „Recht und Ordnung“ nicht den unvereinbaren Gegensatz zur Liebe, sondern die Basis für ein Leben, in dem sich die „Ordnung des Erbarmens“ verwirklichen kann und soll, die freilich ihrerseits nach völlig anderen „Gesetzen“ strukturiert ist als die „Ordnung der Sünde“. So bedeutet auch das Wort „Gerechtigkeit“ in beiden Ordnungen etwas jeweils Verschiedenes: im einen Fall (gerechte) *Vergeltung*, im anderen Fall *Gnade* im Sinn eines unbedingten, unbegrenzten Sein-Dürfens („Gnade über Gnade“!).

Die Unterscheidung dieser zwei Ordnungen ist für das Verständnis von Erlösung unumgänglich. Die eine Ordnung ermöglicht menschliches Existieren, „nützt“ aber für die Erlösung noch nichts; sie „offenbart“ höchstens die Sünde. Wer das „Gesetz“ studiert, erkennt oder kann erkennen, was der Mensch für ein hab-, rach- und streitsüchtiges Scheusal ist. In der Ordnung der Liebe und des Erbarmens wird der Mensch völlig umgestaltet (erlöst), so daß – würde sich die Ordnung des Erbarmens je durchsetzen – die Ordnung des Gesetzes nicht mehr nötig (d.h. „überwunden“) ist. Der Hauptteil paulinischer Theologie (Römerbrief, Galaterbrief) beschäftigt sich mit diesem Problem.

Die Hauptursache, warum uns das alles so schwer „ein-geht“, ist unsere Unfähigkeit, Schuld zuzugeben. Es liegt im Wesen der Schuld, die ich als Nicht-sein-Sollendes erlebe, daß ich sie – soweit ich sie erlebe – als un-erträglich erlebe. Die Schuld zwingt mich, alles zu tun, um mich nicht mehr schuldig erleben zu müssen. – Und was tun wir doch alles, um „un-schuldig“ zu sein! Der legitimste Versuch ist die Wiedergutmachung, die Sühne, im irdischen Sinn. Häufiger ist die Abwälzung der Schuld auf andere: „Ich bin ja nicht so, aber die anderen machen mich dazu!“ Ferner gibt es die Solidarisierung: „Die andern tun es auch, sind auch so“; „ich bin ja noch viel besser als die andern!“

Schließlich die Verharmlosung der Schuld und die strikte Leugnung aller Schuld. Für manche Menschen ist die religiöse Bußpraxis, besonders das Bußsakrament, eine Übung geworden, die eher der Schuldverdrängung als der Schuldannahme dient. Wenn beichtende und büßende Menschen sich im Verhalten überhaupt nicht unterscheiden von nicht büßenden Menschen, liegt bei ihrer Buße wohl ein Selbstbetrug vor. Das Erbarmen Gottes wird mir erst bewußt, wenn mir meine Schuld „immerdar vor Augen“ steht.

Eine weitere Schuldverschreibungstechnik innerhalb der „Ordnung der Sünde“ ist die Legalisierung: Man spricht von „gerechter“ Strafe, „gerechtem“ Zorn, „gerechtem“ Krieg, „berechtigter“ Eifersucht, „berechtigten“ Ansprüchen usw. In der Moral spricht man von „Pflichtenkollision“ und von der „Wahl des kleineren Übels“. Das Bewußtsein, daß es sich beim „kleineren Übel“ auch um ein Übel, also um eine Schuld handelt, geht dabei verloren, denn „ich kann ja nicht anders“; also „darf“ ich.

Bei all diesen kritischen Gedanken sei nochmals betont: Wir *müssen* so leben! Wenn mich jemand einer Schuld bezichtigt (oder ich mich selbst), *muß* ich alles tun, um mich zu ent-schuldigen; denn ich kann nur mit dem Bewußtsein subjektiver Richtigkeit leben, d.h. mit Selbstbejahung und Identität. Dennoch ist diese Ordnung der Sünde mit ihren Gerechtigkeiten („Recht-Fertigungen“), bei denen das Gute sein darf und muß und das Böse nicht sein darf, nicht in der Lage, die Botschaft des Erbarmens zu erfassen, ohne sich selbst dabei aufzulösen. Auch wir Christen versuchen immer wieder mit unserer angeborenen „Ordnung der Sünde“ und mit unserem angeborenen „Gerechtigkeitsempfinden“ (ohne das – wie oben betont – Leben auf unserer Erde nicht möglich wäre!), das Evangelium – besonders in der paulinisch aufbereiteten Form – zu erfassen, und das gelingt nicht. Es kann auch nicht gelingen; man kann nicht Schneebälle in Wasser kochen, ohne daß sie verschwinden.

Wenn ich das Evangelium (die Botschaft von der Erlösung und die Erlösungstat Gottes selbst) verstehen oder wenigstens erahnen will, muß ich bereit sein, auf mein angeborenes Ordnungs- und Gerechtigkeitsdenken zu verzichten. Ich muß meine angeborene „Ordnung der Sünde" wenigstens relativieren und sie als Existenzmöglichkeit bejahen, sofern die Ordnung der Gnade mich und die Menschheit noch nicht „neu geschaffen" hat. Ich brauche die Ordnung der Sünde so lange, bis mich die Gnade voll durchdrungen und verwandelt hat.

Es tut sich die Frage auf: Brauche ich überhaupt die Ordnung der Gnade, wenn ich mich in der Ordnung der Sünde gut selbst verwalten kann und wenn ich mit sündiger Gerechtigkeit auch existieren kann? Die Selbsterfahrung des einzelnen wie der Menschheit zeigt, daß der Mensch in dieser Ordnung zwar existieren kann, aber daß er sich in ihr nicht selbst findet. Der Mensch erfährt sich selbst in seinem Glücksverlangen auf Liebe und Erbarmen hin angelegt, die er sich auch durch das beste Sozialsystem nicht geben und selbst nicht erzeugen kann. Die „erlösten Augenblicke" in meinem Leben sind die Augenblicke der Liebe, in denen ich un-bedingt und uneingeschränkt sein *darf* und nicht mehr sein *muß*.

Was kann ich tun, damit ich Erlösung verstehe und Anteil daran gewinne?

1) Ich muß darauf verzichten, Erlösung innerhalb meines angeborenen (sündigen) Ordnungs- und Gerechtigkeitsdenken erfassen zu wollen; denn „das Gesetz gebiert immer nur zur Sünde". Wenn ich über Gott nachdenke, muß ich mich möglichst frei machen von all dem, was *ich* von Gott und für Gott für richtig halte. Ich muß damit rechnen, daß mir vieles „gegen den Strich" geht, wenn mir Gott immer mehr aufgeht, und daß ich ein anderer dabei werde.
2) Ich muß damit rechnen und damit einverstanden sein, daß leben immer schuldig sein bedeutet! –
   Daß mir aufgeht, daß ich in Schuld bin und unausweichlich in Schuld gerate, daß ich in einer Schuld bin, die nicht von mir persönlich verursacht ist. –
   Daß mir aufgeht, daß ich eine „Grundschuld" habe, die in mei-

nem angeborenen Denken vom Rechtsein nicht erfaßbar ist, weil sie gerade dieses Denken verursacht. –

Daß mir aufgeht, daß Haß und Habsucht und alles, was daraus hervorgeht – auch beim kleinen Kind –, angeborene Schuld ist, etwas in sich und an sich Nicht-sein-Sollendes. Das Sein-Sollende wäre Liebe und Kreativität, wozu sich gewiß auch der sündig-ohnmächtige Mensch gerufen und berufen fühlt.

3) Ich muß das Jesusgeschehen intensiv und immer wieder *betrachten* und dann an *mir* immer wieder *geschehen lassen*. Wenn ich einsehe und zugebe, daß ich Erlösung aus mir heraus weder entwickeln noch vollziehen kann, wird mir klar, daß etwas von außen geschehen muß. Dem muß ich mich freilich stellen.

Beim Jesusgeschehen muß ich mir immer wieder bewußtmachen, daß Jesus (als menschgewordener Gott) *legal* getötet wurde. Innerhalb der (pharisäischen) Ordnung der Sünde ist ein Gott, wie er sich in Jesus verkörpert, nicht möglich. Das sündige Ordnungsprinzip gründet in einem „Gott von oben", für den die Menschen da sind; die Ordnung der Gnade offenbart in Jesus den „Gott von unten", der bis zu mir und noch tiefer „heruntergekommen" ist, um *für mich* da zu sein und mich zu *tragen*.

Versuchen wir nun, die „Tat" Jesu zu betrachten, vorurteilsfrei, ohne sie mit unseren sündigen Kategorien zu bestimmen:

Jesu „Tat" bestand darin, daß er nur „gewesen" ist; er ist den Menschen *nahe* gekommen und nahe geblieben bis zum letzten. Er ist den Menschen und damit Gott gehorsam (vgl. „ge-hör-sam"!) geworden bis zum Tod. Er hat den Tod, den ihm die Menschen bereitet haben, freiwillig, aggressionsfrei, angenommen und in sein ewiges Leben mit hineingenommen und dadurch verwandelt.

Die Menschen haben sich bei Jesus alles „erlauben" dürfen. Und sie haben „sich erlaubt", Jesus „gerechterweise" hinzurichten. Und er hat nichts verboten und nichts verhindert, obwohl es ihm leicht möglich gewesen wäre (mit mehr als zwölf Legionen Engeln).

Die Tat Jesu ist nichts anderes als *bedingungslose, restlose* Hingabe an die Menschen. Kein Mensch kann dies von sich aus; das kann nur Gott, jemand, der den Menschen samt seiner Bosheit lieben kann. Wem dies aufgeht, der braucht keinen Gottesbeweis mehr für Jesus: In der Hingabe Jesu stellt sich Gott ein für allemal als *die Liebe* heraus. Und überall, wo echte Liebe ist, ist Gott. Die Bibel sammelt die gesamte Jesuswirklichkeit im Symbol des *Lammes* und des *Schafes*. Der ewige Hirte verwirklicht sein Hirtenamt paradoxerweise, indem er ganz Schaf wird. Er wird „führend“ durch seine Hingabe.

Das Schaf:

1 Es läuft nicht weg, angesichts der Scherer und der Töter, es *bleibt* und bringt sich nicht in Sicherheit.
Sinnbild für: den Menschen ausgeliefert sein.

2 Es schlägt nicht zurück, es läßt alles geschehen, es *nimmt* alles *auf sich*, was die Menschen mit ihm tun.
Sinnbild für: Gewaltlosigkeit und Wehrlosigkeit.

3 Das Schaf bleibt sich selber treu: Hingabe und Gewaltlosigkeit gehören zum Wesen des Schafes. Wenn wir von Jesus sagen, er habe gewaltlos, aber nicht widerstandslos gelitten, so bedeutet das: Er ist sich selber treu geblieben; er hat sich der Bosheit der Menschen nicht angepaßt; er hat sich den Menschen hingegeben, ohne damit und dadurch ihre Bosheit zu ignorieren. Im Gegenteil: Er nimmt ihre Bosheit (= den im Hinrichtungsverfahren legalisierten und ritualisierten Haß) bewußt auf sich.

Was kommt nun „heraus“, was kann herauskommen, wenn sich der Mensch auf dieses Geschehen einläßt?
Jesus stellt durch sein Wort und durch sein Tun die „Ordnung der Sünde“ als ganze in Frage und verurteilt sie, ohne die Menschen zu verurteilen, die diese Ordnung vertreten. Die Ordnung des Erbarmens verurteilt keine Menschen; Jesus läßt sich von den Menschen, „die nicht anders können“, verurteilen. Er tritt nicht auf gegen die Menschen, sondern gegen ihr Gerechtigkeitsprinzip. Er unternimmt nichts *gegen* die Menschen, er nimmt sie, wie sie sind; auch wenn sie nicht wissend Sündiges tun. („Vater, vergib ihnen, denn sie wissen nicht, was sie tun!“)
Wenn diese seine geliebten Menschen meinen, sie „müßten“ ihn töten, „dürfen“ sie auch das tun! Bei allen Studien über den Prozeß Jesu läßt sich nicht leugnen, daß Jesus für die meisten Menschen damals legal hingerichtet wurde, daß er also auch im Sinne der „Ordnung“ getötet werden durfte, – ja mußte! Und ER nimmt unsere Sünde samt unserer „Ordnung der Sünde“ freiwillig auf sich. Er

schafft die Ordnung der Sünde nicht ab, indem er sie in sich widerlegt, sondern indem er die Menschen *erfahren* läßt, daß die Liebe das Größere ist und daß es die Liebe gibt, die *Feinde* lieben kann, d.h. Menschen, die von sich aus legal oder illegal, bewußt oder unbewußt böse (d.h. aggressiv und habsüchtig) sein *müssen.* Gott läßt den Menschen erfahren: Was du tust und treibst, ist zwar falsch, auch wenn du es richtig findest, aber ich liebe dich trotzdem, gerade in dieser deiner Situation. Und wenn du erkennst, daß du böse bist: hab nie Angst, daß du meine Liebe verlierst.

Das ist – wie beschrieben – die „homöopathische" Wirkung der Erlösungstat Jesu: Wenn ich erlebe, daß ich *darf,* dann *muß* ich nicht mehr! Wenn ich erlebe, daß ich auch böse sein *darf, muß* ich nicht mehr böse sein. Die erfahrene Liebe nimmt der Bosheit den Stachel und polt sie um auf Liebe und Erbarmen. Wenn ich in meine bewußte und verdrängte Bosheit Liebe „hineintun" kann, wenn ich also Gut und Böse *vereinen* kann, dann bin ich frei und erlöst.
Erlösung und Liebe werden mich in dem Maß ergreifen, in dem ich mir bewußt werde, daß ich als „Feind" geliebt bin. Wie komme ich zu dem Bewußtsein, daß ich von vornherein „Sünder" bin, daß die „Masse" meiner Schuld schon da ist und nicht erst von mir persönlich im Sinne von Gesetzesübertretungen begangen zu werden braucht?
Wenn ich (aus der Jesusbegegnung heraus) weiß, daß ich in jedem Fall geliebt bin, auch und gerade in Schuld, dann brauche ich vor mir selber die Augen nicht mehr zu verschließen, und ich brauche keine Angst mehr vor dem Schuldig-Sein (= Dasein in Schuld) zu haben. Ich brauche mich nicht mehr zu „exkulpieren", zu „entschuldigen"; ich brauche keine Angst vor mir selber mehr zu haben. Es „darf" sein, daß ich in meiner Anlage zu Haß und Habsucht von vornherein schuldig bin; es „darf" sein, daß Schuld das „Normale" ist. Im Bewußtsein der Liebe (Gottes) finde ich zur Schuld und zu mir selber. Wenn ich nun im Bewußtsein der unbedingten Liebe meine Schuld „allzeit vor Augen habe", deprimiert mich das nicht mehr; im Gegenteil: wenn ich erlebe, daß ich das Nicht-sein-Sollende (als Nicht-sein-Sollendes) haben darf, offenbart mir das die Grenzenlosigkeit der Liebe und des Erbarmens.
Das Böse-sein-Dürfen ist also keine Erlaubnis zum Bösen innerhalb

meines sündigen moralischen Ordnungssystems, sondern ein umgreifendes Sein-Dürfen, auch wenn ich böse bin.
Die Taufe ist (oder wäre!) das Sakrament mit der Erfahrung dieses umgreifenden, „hautnah" erfahrbaren Sein-Dürfens. Durch unsere Befangenheit in unserem sündigen Ordnungssystem und Ordnungsprinzip geht die Bedeutung und Erfahrung der Taufe leider weithin verloren.
Die Folge der Erlösungstat Jesu ist meine Erlösung. Sofern ich die erfolgte Erlösung in mich „hereinlasse", beginne ich jetzt schon, „erlöst" zu werden: Wenn ich mich als „Feind" geliebt weiß, werde ich selber fähig, Feinde zu lieben. Wenn ich mich in Schuld angenommen weiß, werde ich selber fähig, andere in Schuld (d.h. praktisch: so, wie sie sind) anzunehmen. Es wird möglich, daß eine Ehe, die – irdisch betrachtet – nicht oder nicht mehr lebbar ist, durch das Erbarmen (Gottes) „unauflöslich" wird. Die gesamte Bergpredigt zeigt, wozu der Mensch durch Erlösung fähig wird, in dem Maß, in dem sie ihn ergreift und durchdringt. Es ist natürlich Unsinn, wenn die Inhalte der Bergpredigt „verordnet" oder moralisch gefordert werden; *ich* kann ja das nicht vollbringen, was nur die Liebe und sein Erbarmen vollbringen. Gewiß muß ich auch mittun, aber *ich* kann mich nur bemühen, daß Christus immer mehr meine „Mitte" wird und in mir und durch mich zu wirken beginnt. Sofern Christus mich und die Menschheit noch nicht durchdrungen hat, bin ich noch auf die „Ordnung der Sünde" angewiesen, um existieren zu können. Das Wort Luthers: „zugleich Gerechter und Sünder" („simul justus et peccator") – kann in diesem Zusammenhang neu gehört und verstanden werden.
Das recht verstandene Wort vom „Böse-sein-Dürfen" ermutigt mich zum Risiko des Glaubens und des Lebens. Ich darf das Leben – mich selber – wagen, auch wenn ich immer wieder erkennen muß, daß ich etwas falsch gemacht habe. Ich brauche das Schuldig-Sein nicht mehr zu verdrängen. Wenn ich weiß, ich bin immer uneingeschränkt und unverlierbar geliebt („nichts kann mich trennen von der Liebe Gottes"), dann kann auch ich mich in meiner Schuld und Tragik annehmen und es wagen, mich schuldig zu sehen und mich schuldig sein zu lassen. Dieses positive, durch die Liebe (Gottes) ermöglichte Schuldbewußtsein macht mich frei vom Haben- und Hassen-Müssen; ich werde anspruchslos.

Es zwingt mich nichts mehr, auf das zu starren, was nicht ist und was nicht sein soll. Das, was ist und was ich habe, wird immer wieder neu zum Geschenk. Ich werde immer glücklicher und immer mehr zur Liebe fähig. Ich kann nicht nur Freunde lieben, sondern auch Feinde; ich kann meine Freunde lieben, auch wenn das Böse in ihnen vor-kommt. Der mir in meiner Bosheit sich Hingebende macht mich hingebend; der mich Erlösende macht mich erlösend; der mich nicht Verurteilende befreit mich vom Zwang, urteilen zu müssen.

Freilich, ich muß mich identifizieren mit der Menschheit und mit den Menschen von damals, denen sich der historische Jesus hingegeben hat. Ihre Verurteilung, ihr Haß und ihre Lust an der Grausamkeit entspringen derselben sündigen Struktur, die meinen Haß und meine Süchte hervorbringt. Es ist – besonders für Kinder – zu simpel und unsinnig zu sagen: „Durch deine Sünden schlägst du Jesus noch einmal ans Kreuz!“ Aber daß das, was Jesus damals ans Kreuz gebracht hat, dasselbe ist, was auch ich habe, wenn ich hasse und habsüchtig bin –, das begreifen auch Kinder.

So blicke ich immer wieder zum Kreuz und entdecke immer wieder Jesus, der sich mir hingibt, ganz persönlich in meiner Erfahrung von Haß und Habsucht, damit mich das Bewußtsein erfüllt:

Ich bin bedingungslos und grenzenlos geliebt.

ERLÖSUNG

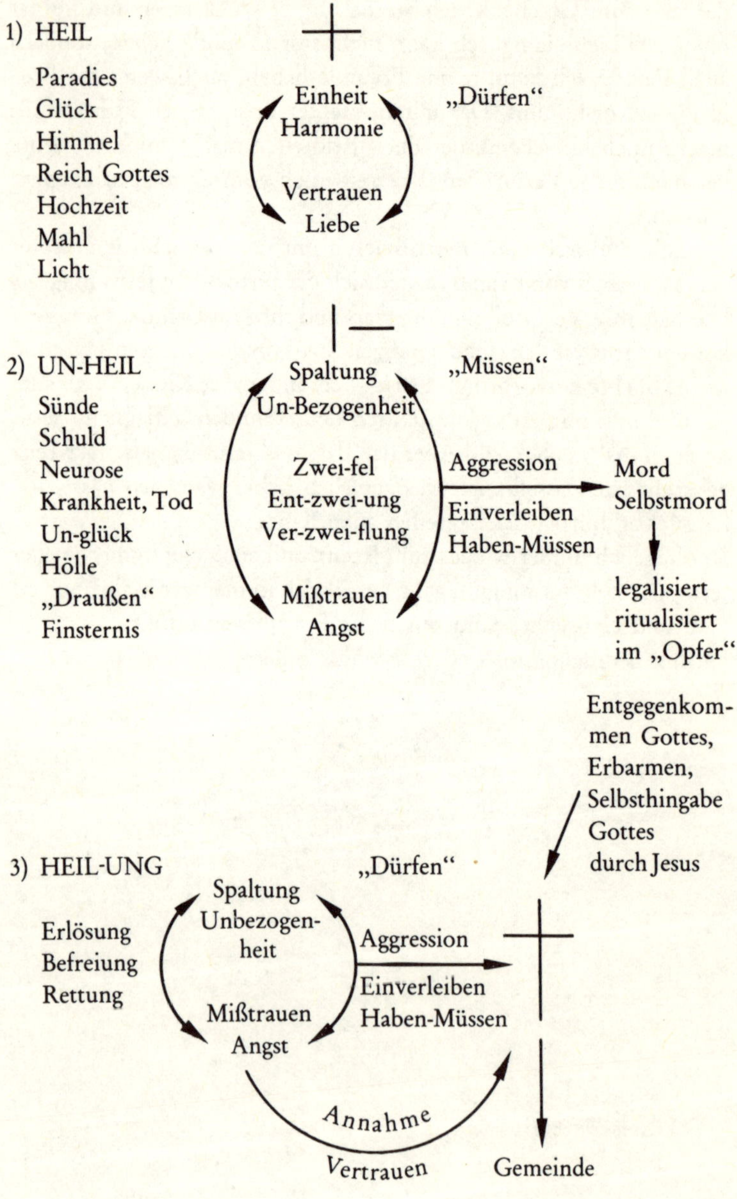
1) HEIL
Paradies
Glück
Himmel
Reich Gottes
Hochzeit
Mahl
Licht
Einheit
Harmonie
Vertrauen
Liebe
„Dürfen“
2) UN-HEIL
Sünde
Schuld
Neurose
Krankheit, Tod
Un-glück
Hölle
„Draußen“
Finsternis
Spaltung
Un-Bezogenheit
Zwei-fel
Ent-zwei-ung
Ver-zwei-flung
Mißtrauen
Angst
„Müssen“
Aggression
Einverleiben
Haben-Müssen
Mord
Selbstmord
legalisiert
ritualisiert
im „Opfer“
Entgegenkommen Gottes,
Erbarmen,
Selbsthingabe
Gottes
durch Jesus
3) HEIL-UNG
Erlösung
Befreiung
Rettung
„Dürfen“
Spaltung
Unbezogenheit
Mißtrauen
Angst
Aggression
Einverleiben
Haben-Müssen
Annahme
Vertrauen
Gemeinde

Schematischer Überblick

Zu 1):

Der Heilszustand ist der Zustand der Harmonie. Symbol ist das Kreuz, wo im Kreuzungspunkt das Entweder-Oder zum Sowohl-als-Auch vereint ist. Ich bin vereint mit mir, mit Gott, mit der Schöpfung durch die einenden Kräfte von Liebe und Vertrauen. Alles ist ein Dürfen, alles ist Geschenk, Gnade: ich *darf* sein, ich *darf* haben, ich *darf* tun.

Zu 2):

Sünde ist Spaltung. Ich bin auseinander. Ich habe Gott als meine Mitte verloren und durch Götzen, bzw. durch mich selbst, ersetzt. Das Kreuz, Symbol der Einheit, ist auseinandergefallen. Mein Leben ist ein einziges Müssen: ich *muß* sein, *muß* haben, *muß* tun. Ich habe unsägliche *Angst*, Angst um mich; Verlustangst, denn ich kann mich selbst nicht „halten"! Meine Lebenskräfte werden durch die Angst in Aggressionen und Habsucht (Haben-Müssen) umgewandelt. Menschliche Aggression ist ihrer Struktur nach immer auf Tötung, Vernichtung, gerichtet. Man kann ja auch durch Worte, Blicke, Gesten und mit Symbolen „töten" und „vernichten". Der Hassende „braucht" ein Opfer! Anders wird er den Haß nicht los.

Zu 3):

Gott kommt den Haßstrukturen des Menschen entgegen, indem er sich in Jesus ihnen stellt und sich ganz „einfach" den Menschen hingibt. Er läßt die hassenden, habsüchtigen Menschen durch sich selber das „Dürfen" erfahren. Er bedroht nicht, fordert nicht, erwartet nur, daß sie ihn als Opfer annehmen und darin die bedingungslose, grenzenlose Liebe Gottes erkennen. Er gibt den Menschen „die Macht, Kinder Gottes zu werden", wenn sie ihn annehmen.
Dieses unbegreifliche Dürfen erlöst mich von allem Müssen. Ich *darf* sein, ja sogar *schuldig* sein. In der Vergebung, im Schuldig-sein-Dürfen, offenbart sich Gott in seinen unermeßlichen Dimensionen. „O glückselige Schuld!" In der Begeisterung durch die erlösende Liebe Jesu Christi entsteht die Gemeinde, die immer wieder sich versammelt, *weil* Christus sie eint und *damit* sie immer wieder neu die Einheit in Christus erlebt.

Vom gleichen Verfasser:

Im Himmel auf Erden
Betrachtungen zum Vaterunser

In kleinen Schritten wird die Tiefe des Vaterunser-Gebetes dem heutigen kritischen Menschen erschlossen und für die Lebensbewältigung fruchtbar gemacht.
Ein Buch, das Meditation im wirklichen Wortsinn bietet und zum Erlebnis macht.

2. Aufl., 128 Seiten, kartoniert

Der Rosenkranz
Stationen des Glaubens

Ein Bändchen, das sich gleichermaßen als Hilfe und Angebot versteht. Hilfe für diejenigen, die den Rosenkranz bereits beten und den Weg zu jener Glaubens- und Lebenswirklichkeit geführt werden wollen, die in den Rosenkranzgeheimnissen verborgen ist. Angebot für andere, die den Zugang zum Rosenkranzgebet noch suchen und Wegweisungen erwarten, die sie zu den Grunderfahrungen des Glaubens und des Lebens führen sollen.

5. Aufl., 64 Seiten, kartoniert

Kreuzweg

Die in der Sprache des heutigen Menschen geschriebenen Texte und Gebete dieses Kreuzweges konfrontieren das eigene menschliche „Kreuz" mit dem Leben und Sterben Jesu und führen so zu einer Identifikation und zu einer vertieften Sicht der lebenstragenden Hoffnung.

5. Aufl., 48 Seiten, kartoniert

Leben aus Vergebung
Überlegungen · Meditationen · Gebete · Texte

Die Überlegungen, Meditationen, Gebete und Texte dieses Buches dienen sowohl einer reicheren Gestaltung von Bußgottesdiensten und -feiern als auch der eigenen Bußvorbereitung, dem eigenen Hineinhören in sich selbst.

128 Seiten, kartoniert

Sich finden
Eine Glaubens- und Lebenshilfe

Nicht im bloßen Dasein an sich, sondern erst in Beziehung wird menschliches Leben als sinnvoll und glücklich erfahren; erst dort findet sich der Mensch. Die Texte dieser Meditationen wenden sich an alle, die auf der Suche nach sich selber sind, und an jene, die anderen Glaubens- und Lebenshilfe geben sollen.

3. Aufl., 128 Seiten, kartoniert

DON BOSCO VERLAG · MÜNCHEN